元朝首任帝师
八思巴

陈庆英 著

五洲传播出版社

图书在版编目（CIP）数据

元朝首任帝师八思巴 / 陈庆英著 . -- 北京：五洲传播
出版社 , 2020.1
（人文西藏）
ISBN 978-7-5085-4350-5

Ⅰ . ①元… Ⅱ . ①陈… Ⅲ . ①八思巴（1235-1280）
—生平事迹 Ⅳ . ① B949.92

中国版本图书馆 CIP 数据核字 (2020) 第 006468 号

撰　　稿：	陈庆英
图片提供：	陈庆英　中新社　中国图库
出 版 人：	关　宏
责任编辑：	张美景
封面设计：	李　璐
装帧设计：	杨　平　蒲建霖

元朝首任帝师八思巴

出版发行：	五洲传播出版社
地　　址：	北京市海淀区北三环中路 31 号生产力大楼 B 座 7 层
邮政编码：	100088
电　　话：	010-82005927（发行部）
网　　址：	http://www.cicc.org.cn
	http://www.thatsbooks.com
印　　刷：	中煤（北京）印务有限公司
开　　本：	787×1092 mm 1/16
字　　数：	120 千字
印　　张：	10.5
版　　次：	2021 年 9 月第 1 版第 1 次印刷
定　　价：	54.00 元

目录

引言 / 1

1 显赫的家世 / 3
天神后裔——家族起源的传说 / 3
僧俗并重——吐蕃王朝的贵族世家 / 5
家族和教派——萨迦派的兴起 / 7
八思巴的伯父和父亲 / 12

2 八思巴的出生和少年时代 / 17
八思巴的诞生 / 17
跟随伯父前往凉州 / 20
伯父树立榜样——在凉州的生活 / 25
时局变幻——蒙哥汗与西藏 / 32

3 与忽必烈的早期交往 / 39
相会于六盘山 / 39
追随忽必烈到汉地 / 43
巡礼五台山 / 51
参加释道辩论 / 57

4 担当重任——在大都的生活 / 61
受封为国师 / 61
协助建立藏族地区的驿站 / 66
获得珍珠诏书和领总制院事 / 72
八思巴返藏途中 / 76

5 尽心理政——首次返回萨迦后的活动 / 83

划分拉德和米德 / 83

划分十三万户 / 88

组建萨迦地方政权 / 90

6 再到大都 晋封帝师 / 97

回大都的路上 / 97

兴建萨迦南寺 / 102

献蒙古新字 / 107

晋封为帝师 / 117

主持皇室的佛事活动 / 121

在大都为皇室兴建佛教寺院 / 124

支持元军灭南宋 / 127

7 再回萨迦 / 133

出居临洮 / 133

真金太子护送 / 137

回到萨迦后的活动——曲米大法会 / 142

贡噶桑布之乱 / 147

8 圆 寂 / 151

结 语 / 157

引 言

　　和其他地区一样，西藏在各个重要的历史时期都有一些历史名人出现。他们在各自所处的时代中，依靠自身所具有的条件（显赫的家世、文化素养、技能、才干、宗教地位等），顺应历史发展的需要，对社会的进步发挥了重要作用，对西藏历史的进程产生了巨大的影响。藏族在7世纪中期就创制了通行至今的藏文，用文字记录历史的传统悠久。藏文古籍对各个时代的历史名人有大量记载，有的还有完整的传记。这些历史名人又往往有自己的著作传世，这为后人认识和了解他们提供了宝贵的资料。众多的历史名人在西藏社会留下深刻的印记，他们的形象和事迹在不同时期不断得到塑造和加工，以多种形式世代流传，成为西藏历史十分重要的组成部分，也为认识和研究西藏历史不断提出新课题。

　　西藏的这些历史名人，虽各有其不同的经历，但从时代发展的角度看，同一个时代名人的经历及其历史作用呈现出一些相同的特点，反映其所处时代的历史发展的基本旋律。自松赞干布创建吐蕃王朝后的二百多年中，西藏的历史名人主要是王朝的君臣将相，他们与吐蕃王朝的文治武功、王政盛衰紧密相关。这一时期嫁入吐蕃的文成公主、尺尊公主、金城公主，以及来到吐蕃的佛教高僧毗卢遮那、娘·定埃增等，也和吐蕃王朝的命运紧密相关。从吐蕃王朝崩溃到各教派出现的一百多年间，西藏的历史名人往往是以赞普后裔的身份出现，他们的活动都贯穿着一条地方割据和力图重建吐蕃王朝的主线。进入下路弘法和上路弘法时期，佛教高僧逐渐取代了赞普后裔，成为西藏历史发展中的主角。教派出现以后，创立教派的高僧被奉为本派的祖师，如噶当派的仲敦巴，萨迦派的萨迦五祖，噶举派的玛尔巴、米拉日巴、达布拉杰、帕木竹巴等。他们不论是否出家受戒，都是学识广博的佛教大师，留下了自己的佛学著作，同时也是能力很强的宗教活动家和宣传家，他们的活动范围几乎遍及西藏各地。

在元代西藏纳入中央王朝的行政管理后，从元、明、清三朝直到民国时期的七百多年中，西藏的历史名人一个共同的特点是，他们中的一些杰出人物和中央王朝发生了密切的联系。他们或是受到中央王朝的册封，或是亲自到过中央朝廷，他们在西藏的政教地位得到中央王朝的承认和保护。他们对中国统一的多民族国家的形成和发展、对民族间的相互了解和文化交流作出过重要的贡献，并因此成为中国历史上的杰出人物。这方面的西藏历史名人有元朝帝师八思巴，明朝的大司徒绛曲坚赞、大宝法王得银协巴、大乘法王贡噶扎西、大慈法王释迦益西、三世达赖喇嘛索南嘉措，清朝的五世达赖喇嘛阿旺·洛桑嘉措、七世达赖喇嘛格桑嘉措等。其中，八思巴是他们的先行者，同时也以自己的人生经历和言论为后来者作出了示范。虽然八思巴享寿只有四十六，英年早逝，但是萨迦派加给八思巴的尊号"卓衮曲杰"（众生依祜法王）却得到藏传佛教各教派高僧的广泛认同，在和蒙古族、满族的领袖交往时，三世达赖喇嘛和五世达赖喇嘛都一再提到八思巴和忽必烈的事例。在萨迦派寺院中，作为纪念有各种艺术形式的"萨迦第五祖"八思巴像。汉传佛教的历史典籍中，也有许多称颂八思巴的内容，甚至称颂他如"一佛出世"，可见八思巴对后世影响之深远。

1 显赫的家世

天神后裔——家族起源的传说

藏族是中国世代繁衍于青藏高原上的古老民族,藏族先民的历史可以上溯到新石器时期。从远古起,藏族的先民就以血缘为纽带组成部落,散居在广阔的世界屋脊上。藏文古籍《红史》《王统世系明鉴》《汉藏史集》《贤者喜宴》等记载,在西藏,人类最初是由一只"神猴"与一位"岩魔女"相结合繁衍出来的。后来,他们的后裔分成斯(se)、穆(rmu 或 dmu)、冬(ldong)、东(stong)四大氏族,再加上查(dbra)、楚(vdru)两个氏族,合称为藏族六大氏族,也就是六大姓。各大氏族中又分若干小氏族和家族,各有自己的姓氏。根据这些姓氏,就可以区分不同祖先传下来的后裔。藏文称姓氏为 rus-pa,意为"骨头、骨系",正是表明这种血缘关系。

八思巴出身于萨迦款氏(vkhon)家族。"萨迦",是藏文 sa-skya 一词的音译,现已成为一个多义词,既是地名,又是寺院名,又是教派名,甚至还是一个家族名。作为地名,它是指西藏自治区日喀则市的萨迦县,地处日喀则市区西南约 120 公里处。萨迦县位于仲曲(gram-chu)河谷,海拔 4200 米。仲曲河发源于萨迦南面喜马拉雅山北麓的雪山,经萨迦流向西北,汇入雅鲁藏布江。这一带气候寒冷,山多碎石,草木稀少,只有河谷地带可种植青稞、油菜,散布着一些藏族村落,河谷的周围是高山草原。藏文史籍《安多政教史》记载,萨迦款氏家族属于冬氏(ldong)的一支。[1] 在青海、

---

[1] 智贡巴·贡却丹巴饶杰:《安多政教史》,吴钧等译,甘肃民族出版社,1989,第 166 页。

昌都、后藏各地都有冬氏的分支。

有观点认为,与曾经统治青藏高原达二百多年的吐蕃王室的悉补野家族,以及在明朝统治西藏大部的帕竹政权的朗氏家族一样,萨迦家族的祖先也是天神降临人间,征服了冬氏部落。在萨迦款氏家族中世代流传着关于家族起源的传说,并被许多藏文史籍采纳。

《萨迦世系史》中记载:"相传往昔有天神三兄弟,名叫介仁、玉仁、玉赛。人们请求他们降临人间,来做主人。天神中的幼弟玉赛成了人主,生了斯奇纳四兄弟,并与冬氏十八族交战,天神玉仁前来援助,尽克冬氏,将彼等收为奴隶。"[2]

《汉藏史集》记载,萨迦款氏"实际上的先祖为天神玉仁"[3]:"玉仁娶穆氏之女穆萨登木普为妻,生了玛桑七兄弟。此七子中的前六子随父上归天界,第七子玛桑吉杰留在人间,娶托拉沃坚之女托嘉乌摩为妻,生子托察邦波达。托察邦波达娶鲁氏之女鲁嘉擦玛为妻,生子鲁察达布沃坚。传说在他之前,历代皆居住于虚空。鲁察达布沃坚娶孟萨错木杰为妻,生子于雅(g.yav,意为'石山')和邦(spang,意为'草甸')之间,故起名为雅邦杰(意为'生于石山和草甸之间'),他居住在叶茹襄西北方向高大美丽的山上,故此山被称为雅邦山。"[4]

"叶茹"是吐蕃王朝的五茹(五大行政区域)之一,"襄"即今日喀则所辖南木林县,在雅鲁藏布江以北。萨迦款氏家族认为他们的祖先活动于后藏一带。据说雅邦杰见到森波(可能是一种古姓,字义为罗刹)迦仁茶麦的妻子雅珠司丽玛非常漂亮,就与其交战并杀死了他,娶雅珠司丽玛为妻,生了一个儿子。因为是在与森波结仇中生下了儿子,所以起名为款巴杰(vkhon-bar-skyes,意为"在

---

[2] 阿旺贡噶索南:《萨迦世系史》(第一版),民族出版社,1986,第7页。

[3] 达仓宗巴·班觉桑布:《汉藏史集》(第一版),四川民族出版社,1985,第306页。

[4] 阿旺贡噶索南:《萨迦世系史》(第一版),第7页。

仇怨中出生"），[5] 由此产生了"款"（vkhon，意为"仇怨"）这个非常特别的姓，款巴杰也就成为款氏家族的始祖。款巴杰娶赞萨嘉普珍为妻，生了一个儿子，身材美好，聪明伶俐，世间少有，故起名为官巴杰贡达（"官巴"意为"稀少、珍奇"）。他迁居到拉堆（今日喀则所辖昂仁县、谢通门县一带）的年孜地方，此时已是吐蕃王朝的中期，即8世纪中叶了。

僧俗并重——吐蕃王朝的贵族世家

7世纪初，西藏山南雅隆河谷地区的悉补野家族崛起，以雅隆部落为基础向拉萨河流域扩展。松赞干布（？—650）逐步统一青藏高原，建立起吐蕃王朝。为了管理全境和推行政令，松赞干布定都于逻娑（今拉萨市），确定行政区划，建立军政管理机构，制定法律和制度，委任各部的贵族世家担任王朝的官职。松赞干布还从中原唐朝及尼泊尔迎娶公主，派遣贵族子弟到汉地、印度学习，吸收周边民族的文化。由于这些措施的实施，吐蕃王朝迅速强盛起来，藏族地区的经济文化有了飞跃发展。

大约从松赞干布时期开始，佛教传入吐蕃，并得到王室的尊奉。松赞干布的五世孙赤松德赞（755—797年在位）时期，迎请印度高僧寂护和莲花生大师到吐蕃，使佛教彻底击败吐蕃原有的宗教——苯教，于779年建成吐蕃第一座正规的佛教寺院——桑耶寺。赤松德赞还召集臣下盟誓，要全体臣民皈依佛法。桑耶寺建成后不久，为了试验吐蕃人能否出家为僧，赤松德赞选派七名贵族青年跟从寂护受戒出家，这七人被称为"七试人"，从此藏族有了自己的出家僧人。赤松德赞还委任佛教僧人为"却论"（意为僧相），管理佛教事务，参与朝政，并规定由政府供给僧人生活，对僧人不

---

[5] 达仓宗巴·班觉桑布：《汉藏史集》（第一版），第307页；阿旺贡噶索南：《萨迦世系史》（第一版），第10页；阿旺·洛桑嘉措（即五世达赖喇嘛）：《西藏王臣记》，民族出版社，1980，第91页。

得征收赋税、强求服劳役或驱作奴隶。这样就使佛教与王朝的政治紧密联系在一起，成为赞普王权的重要支柱之一。

因为吐蕃王朝时期是藏族历史上最辉煌灿烂的时期之一，所以后来的世家大族都喜欢追述其祖先在那个时期的业绩。《萨迦世系史》记载，款·官巴杰贡达得到吐蕃赞普赤松德赞的器重，被委任为内大臣。内大臣执行诏命，主管财政、统计、民事以及王室生活供应等事务。据说，由于款·官巴杰贡达十分富足，人们称其为款·贝波且（dpal-po-che，意为"福德广大"）。款·官巴杰贡达娶朗萨尼琼玛为妻，生了两个儿子。长子是著名的"七试人"之一，名叫鲁易旺波松瓦（意为"龙自在护"），他精通梵文、藏文，参与翻译佛经，曾在拉萨东北面松赞干布王妃孟萨赤姜所建的扎叶巴寺修行，获得成就。次子名叫款·多吉仁波且（rdo-rje-rin-po-che，意为"金刚宝"），也曾向莲花生大师学习佛教，但是没有出家。他娶了没庐氏家族的一个女子阳龙吉为妻，生了七个儿子。[6]

元代僧人法洪所撰《敕建帝师殿碑》记载："师（八思巴）萨思迦人，族款氏。祖朵栗赤，当吐蕃之盛，相其君伯西海。后十余世皆以学、德为国宗范。"《元史·释老传》记载："相传其祖朵栗赤，以其法佐国主霸西海者十余世。"这里的"朵栗赤"，当是藏文 rdo-rje 的对音。元朝翰林学士王磐所撰《拔思发行状》记载："初，土波有国师禅怛罗乞答，具大威力，累叶相传，其国王世师尊之。"这里的"禅怛罗乞答"是梵语，似指鲁易旺波松瓦。[7]

《萨迦世系史》记载，有一次没庐氏在年孜举行为期三天的游艺比武活动。款氏七兄弟换衣换马，轮流参加赛马，成绩优胜。没庐氏听说有作弊情况，认为这冒犯了他们武士世家的尊严，因此与款氏结了仇。当没庐氏集合人马来攻打外甥时，款氏兄弟认为对方

---

[6] 阿旺贡噶索南：《萨迦世系史》（第一版），第13-14页。

[7] 据《汉藏史集》记载，在梵文中，名字"鲁易旺波松瓦"为"那迦难达罗合乞塔"，《拔思发行状》中的"禅怛罗乞答"疑为"难达罗合乞塔"，此处可能有缺文。

是母舅家，又是旧邻。国土广大，不必在一地争斗，于是分别退避到阿里和后藏各地。[8]其中，第六子喜饶云丹到了仲巴亚隆。喜饶云丹的长子为楚臣杰波，楚臣杰波的长子为祖多喜饶，祖多喜饶的第五子为格嘉布。格嘉布迁居夏卜，他的长子为格通。格通生子款敦·泊布，款敦·泊布生子释迦洛追，释迦洛追生子款若·喜饶楚臣和款·官却杰波。据说，款若·喜饶楚臣以上历代都修习金刚橛等密法，获得成就。尤其是款若·喜饶楚臣以后弘期卫藏十人中的洛敦·多吉旺秋的弟子徐敦·宣努尊追为师，受近事戒，专心修习，有大名声。[9]款·官却杰波在仲曲河边建萨迦寺，形成萨迦的款氏家族。[10]可见从喜饶云丹开始，款氏就世代居住在萨迦地区。

家族和教派——萨迦派的兴起

《红史》记载，款·官却杰波生于阳木狗年（1034），[11]他在青年时期跟随父兄学习佛教密咒法，有一定佛教基础。当时正是藏传佛教后弘期的大变动时期，各个教派开始出现。款·官却杰波依止著名的卓弥译师，以"道果法"为主，开创了萨迦教派。

佛教从松赞干布时期传入吐蕃，在赤松德赞时期已很兴盛，到9世纪初赤祖德赞（亦称热巴巾，即《新唐书》中的"可黎可足赞普"）在位时期，佛教达到极盛。838年，反佛大臣暗杀了赤祖德赞，扶植其兄朗达玛即赞普位。842年，朗达玛下令禁佛，停建和封闭佛寺，焚毁佛经，强迫僧人还俗或充当屠夫、猎户，佛教在吐蕃受到极大的挫折，几乎被禁绝。846年，朗达玛被佛教僧人刺杀。不

---

[8] 阿旺贡噶索南：《萨迦世系史》（第一版），第14页。

[9] 达仓宗巴·班觉桑布：《汉藏史集》（第一版），第310页。

[10] 今萨迦县境内有两条重要河流，都流入雅鲁藏布江。西边的是萨迦寺前的仲曲河，东边的是夏卜曲河。

[11] 蔡巴·贡噶多吉：《红史》（第一版），民族出版社，1981，第46页。

久吐蕃王室发生分裂，自相混战，平民和奴隶发动起义，属部相继丢失，吐蕃王朝迅速崩溃。在这样的社会大动乱中，藏传佛教在西藏中断了约一个世纪。后来，藏传佛教又从青海和阿里两个方向传入西藏中部，这一时期史称藏传佛教在西藏的"后弘期"。

朗达玛赞普灭佛时，藏·饶赛、约·格琼、玛·释迦牟尼等三名僧人将戒律部分的经典驮在一匹牲口上，昼伏夜行，逃出西藏，在青海湟水流域继续从事佛教活动。他们收了一个名叫喇钦·贡巴饶赛的弟子，使戒律的传授得以延续下来。喇钦·贡巴饶赛收徒传法，在西宁东南黄河流域的丹底寺形成了一个佛教中心。约在970年，占据西藏桑耶寺一带的封建领主意希坚赞派遣卢梅·楚臣喜饶等"卫藏十人"到丹底寺学习佛法，接受戒律。他们从喇钦·贡巴饶赛的再传弟子仲·意希坚赞接受戒律后，于975年返回西藏，各自收徒传法，兴建寺庙，很快形成了许多僧团，这就是所谓的"下路弘法"。这些新建的僧团往往与占据各地的地方封建势力结合，为争夺庙产、属民和寺院互相混战。当时西藏政治不统一，这决定了复兴的佛教也无法统一，经过几十年的发展之后，由于教法及社会历史的原因，藏传佛教出现了各个不同的教派。

吐蕃王朝崩溃，朗达玛的后裔逃到西藏西部，建立了拉达克王朝和古格王朝。古格王朝的首领益西沃崇信佛教，派人到印度去学习经典，在阿里修建寺院。他的侄子绛曲沃迎请阿底峡大师于1042年到阿里地区弘传佛教。阿底峡出身于孟加拉王族，是印度超岩寺的主持人之一。在阿里传法三年后，1045年阿底峡又应邀到西藏中部地区传教，直到1054年他在拉萨西南的涅塘去世。后来由阿底峡的弟子仲敦巴（1005—1064）兴建热振寺，形成噶当派。"噶当"（bkav-gdams）的意思是把佛的一切言教（即显、密经教）都看作是佛教僧人学佛、修行和生活的指南和标准。

11世纪，西藏僧人玛尔巴和穹波南交巴都曾多次到印度学习佛教，特别是学习密宗教法。他们返回西藏后授徒传法，形成一种新教派。他们注重口传，认为佛教教理及密宗修炼法都必须通过师徒间的口耳传承才能继承下来，所以他们被称为噶举派（bkav-brgyud，意为"口传"）。噶举派由于师承的不同，又分成大大小小的支派，在元、明两朝也是实力强大的教派。

"卫藏十人"中有一个名叫洛敦·多吉旺秋的后藏人，从青海求法回来后，他在后藏各地招收了许多门徒，弟子们又修建了许多寺院，形成各个支系。其中一个弟子徐敦·宣努尊追是款若·喜饶楚臣的老师，在拉堆一带建立了梅昌寺和扎玛寺。拉堆地方还有一支朗达玛的后裔，其势力在当地得到发展壮大。他们请洛敦·多吉旺秋到拉堆去传教，洛敦·多吉旺秋派他的弟子甲·释迦宣努前去，修建了拉堆玛拉塘寺。拉堆靠近尼泊尔、印度，甲·释迦宣努还从拉堆选派了一批当地青年到印度和尼泊尔去学习佛教。这些青年中有一个名叫卓弥·释迦意希（vbog-mi-shakya-ye-shes）的，后来对萨迦派的创立有重大影响。卓弥·释迦意希先在西藏地区和尼泊尔学习梵文，然后到印度，在超岩寺学习八年，先后学了戒律、般若和密法，后又到东印度学习四年，向般若因陀罗茹箕专门学习密法，特别是学习了"道果法"。卓弥·释迦意希修习了这一套教法后返回西藏，在拉孜地方修建了一座牛古垅寺，又从印度请来迦耶达惹论师，五年内向他供奉了五百两黄金，向他修习了"道果法"的一切教法。随着卓弥·释迦意希的声望日增，他被称为卓弥译师，有许多人前来向他学习。

《萨迦世系史》记载，款·官却杰波拜卓弥译师为师时，他将家中的一部分土地卖掉，奉献了十七匹马以及珠串、珍宝等，由于得到卓弥译师的广泛传授，遂为卓弥译师的五大弟子之首。[12]这一记载说明，当时在西藏已出现私有田产，土地可以买卖，也说明款·官却杰波在学习佛教的同时，经营土地，家产殷实。此外，款·官却杰波还向其他一些高僧译师学习，其中有巴日译师（ba-ri-lo-tsva-ba）和南喀乌巴（gnam-khvu-pa），他们对萨迦派早期发展也起到了重要

---

[12] 阿旺贡噶索南：《萨迦世系史》（第一版），第19页。

作用。

款·官却杰波学习佛教取得一些成绩之后,在仲曲河谷的扎窝垅巴修建了一座小寺庙,并有了一些门徒,这座小寺庙后来被称为萨迦旧寺。相传有一次他和弟子们到山上散步解闷时,远远望见仲曲河谷上部的苯波山如同一头卧着的大象,山脚右侧有一片白色油润的山坡,山下有仲曲河流过,因而认为该处具有诸多祥瑞之相,如果在那里建立寺院,佛教和众生都能受益。产生这个想法后,他就要求该地的主人觉卧顿那巴将那片土地卖给他,又向该处的领主象雄古热瓦和附近村庄的人们请求获准在那里建寺,他们都表示愿将土地奉献。但款·官却杰波说:"为了后代不生口舌,还是依价买卖才合理。"于是,他用一匹白骡马、一串珍珠、一套女装买下那片地方,在阴水牛年(1073)八月,动工兴建寺院。[13]因为它建在白色的山坡上,所以得名萨迦寺(sa-skya,意为"灰色的土地")。藏传佛教史家都以此年为萨迦教派正式创建的年代。也正是从这一年开始,款氏家族的这一支系与萨迦这个地名结合在一起,被称为萨迦款氏家族。

款·官却杰波虽然拜许多高僧为师,长期学习佛教,又建寺收徒,然而他并未出家,是一个在家的居士。他娶多吉秀摩为妻,但是直到五十多岁,他还没有儿子。当时南喀乌巴在主玛地方修行,常请款·官却杰波到他那里去讲论佛法。有一天,天色已晚,南喀乌巴却并不留他住宿,对他说路上若遇因缘,就在噶孔垅住下。款·官却杰波路遇一个背水的女子玛久尚摩(据说是领主象雄古热瓦之女),相互爱悦,就在她家住宿。后来,玛久尚摩临产时,款·官却杰波把她送到南喀乌巴处,于1092年生下一个长相出众的男孩,因为受到众人喜爱,故起名贡噶宁波(kun-dgav-snying-po,意为"众喜")。此事开始时对多吉秀摩保密,但多吉秀摩知道后为家族有后而高兴,她对款·官却杰波说:"尚摩生了儿子,不该对我保密,现

---

[13] 阿旺贡噶索南:《萨迦世系史》(第一版),第19-20页。

在你有了儿子,最好不过。我不需要财物,孩子的母亲才需要财产。"于是只给自己留下萨迦寺前的一块供养田,将全部庄园都交给了玛久尚摩母子。[14] 这一记载说明,萨迦教派从创立伊始就是家族和寺院紧密结合的,寺院的土地和财产,也是款氏家族的土地和财产。款氏家族与萨迦教派紧密地合为一体,是萨迦派的一大特点。

1102年款·官却杰波去世时,贡噶宁波只有十一岁。他与母亲商议后,请来巴日译师主持父亲的丧事,并掌管萨迦寺的事务。贡噶宁波向巴日译师学习佛法,并到各处云游。过了八年,巴日译师去世时才把萨迦寺的法座交还给他。贡噶宁波从1110年起主持萨迦教派达四十八年,他遍访名师,学到了各种教法,甚至把卓弥·释迦意希没有传给他父亲而传给其他人的教法也学到了。可以说,是贡噶宁波把萨迦教派真正发展起来。他一生收过许多弟子,其中有来自僧伽罗(今斯里兰卡)的僧人,有止贡、蔡巴、主巴、帕竹等噶举派支派的大师。由于贡噶宁波对发展萨迦派有重大功绩,所以他被尊称为"萨钦",也就是萨迦派的大师,居萨迦五祖(萨迦早期的五位重要祖师,即贡噶宁波、索南孜摩、扎巴坚赞、萨迦班智达·贡噶坚赞和八思巴)之首,可见他的地位比他父亲还重要。贡噶宁波也没有出家,他先后娶了察摩绒的两姐妹为妻。先娶妹妹觉嘉普摩,生长子贡噶拔。贡噶拔到印度去学习佛教,因患热病,二十二岁时在印度摩揭陀去世。贡噶宁波后来又娶姐姐玛久沃珍,生了三个儿子,即索南孜摩、扎巴坚赞和贝钦沃布。

索南孜摩生于阳水狗年(1142),当时他父亲已五十一岁。他幼年跟父亲学习佛教和梵文,到十七岁时已能讲说十四部密籍,声名传至印度。1158年贡噶宁波去世,索南孜摩继承了萨迦派的法座,但是他将萨迦的事务都交给当时年仅十三岁的弟弟扎巴坚赞,自己到西藏各地拜师学法。他二十八岁时开始对弟子讲授"道果法"。《萨迦世系史》记载,他曾住持噶举派的大寺丹萨梯寺三年,其他时间大多在幽静地方修行,著述颇多,于阳水虎年(1182)去世。

---

[14] 阿旺贡噶索南:《萨迦世系史》(第一版),第22页。

扎巴坚赞生于阴火兔年（1147），八岁时从绛赛达哇坚赞受居士戒，十三岁时即能讲经，并开始管理萨迦事务，二十六岁时从索南孜摩手中正式接过萨迦寺法座。他在萨迦寺修建了大屋顶旧殿，还为官却杰波修建了黄金灵塔，为贡噶宁波修建了多门塔，为索南孜摩修建了黄金佛像。他有一个名叫觉本的弟子到了西夏，当了西夏国王供奉的喇嘛，被称为国师。据说，觉本从西夏送来大量财物，供献给萨迦寺，这大概是萨迦派与北方民族最早的联系。此外，当著名的喀且班钦·释迦室利(kha-che-pan-chen-shakya-shri)于1204年应绰浦译师的邀请来到西藏后，扎巴坚赞曾迎请喀且班钦·释迦室利到萨迦寺。

贡噶宁波、索南孜摩、扎巴坚赞相继担任萨迦派的教主，但是他们都没有正式出家，贡噶宁波、索南孜摩没有受过戒，扎巴坚赞受过居士戒，也还不能算正式的佛教僧人，因此他们被称为萨迦派的"白衣三祖"。如果说官却杰波时期是萨迦派的初创时期，他们三人所处时期就是萨迦派的巩固发展时期。

扎巴坚赞的弟弟贝钦沃布生于阳铁马年（1150），此时其父已五十九岁。他没有担任萨迦派的教主，但是也学习过佛教。《萨迦世系史》记载，他很喜爱医学，为许多人治过病，还著有《医学日光八支论》一书，他于1203年去世。贝钦沃布娶尼赤嘉木为妻，生了两个儿子，就是八思巴的伯父和父亲。

八思巴的伯父和父亲

八思巴的伯父萨迦班智达·贡噶坚赞生于藏历第三饶迥[15]的阳水虎年（1182），自幼从伯父扎巴坚赞受沙弥戒，学习梵文和佛教各种知识，二十七岁时在夏鲁的娘麦坚贡寺从喀且班钦·释迦室利受比丘戒，成为萨迦派教主中第一个正式出家为僧的比丘。他青年时代云游前后藏各地，遍访名刹高僧，多次参加讲经和辩论的法会。

---

[15] 藏历以六十年为一个饶迥，从公元1027年开始以饶迥纪年。

他受喀且班钦多年教导，学习了在印度被称为"五明"的各科知识，包括一些被认为是世俗学问的知识。由于他学问高深，人们尊称他为精通五明的"班智达"，[16]是当时闻名全西藏的第一个获得"班智达"称号的高僧。相传他成名以后，有一批以绰切噶瓦为首的印度人，信奉大梵天，反对佛教，专程到西藏的吉隆来找贡噶坚赞辩论。结果贡噶坚赞驳倒了他们，使他们皈依了佛教，信奉萨迦派，并在贡噶坚赞面前削发出家，当了僧人。传说他们出家剃掉的头发一直保存在萨迦寺的钟楼上。在西藏，也有一个名叫涅秀·坚白多吉的佛教大师对萨迦班智达不服，派遣他的九大弟子中最有学问的伍由巴·日贝僧格前去同萨迦班智达辩论，经过几天的辩驳，伍由巴·日贝僧格承认失败，对萨迦班智达十分景仰，长期服侍其左右，成为萨迦班智达一名主要弟子。[17]

萨迦班智达的著作很多，涉及佛学和其他多种学科。他从印度佛教学者龙树等人所著的格言诗集《百智论》《修身论智慧宝树》《益世格言》中选辑七十余首进行加工，再加上自己创作的三百多首，汇编为著名的《萨迦格言》。这部格言分九章，以简洁形象的语言，阐明萨迦班智达的政治、宗教观点，宣传他认为合理的为人处世哲学。由于这部格言除了佛教内容外还吸收了藏族的民间文学传统，并长于运用人们日常接触的事物以及熟知的故事传说比喻，所以很容易被各阶层人士理解和传诵，对扩大萨迦派的影响起了重大作用。

在《萨迦格言》中，萨迦班智达主张君王应依照佛法来治理："国王应遵照佛法护国安民，不然就是国政衰败的象征，如果太阳不能消除黑暗，那就是发生日食的象征。"主张在治国用人方面要选贤任能："如果委任圣贤当官，事情成功幸福平安，把学者当宝贝供

---

[16] "五明"分大小五明，大五明指佛学、正理学、声律学、医学、工艺学，小五明指修辞学、辞藻学、韵律学、戏剧学、星相学。当时印度称精通五明的佛教学者为"班智达"。

[17] 阿旺贡噶索南：《萨迦世系史》（第一版），第115页。

于幢顶,地方即可吉祥圆满。"尤其是他主张依靠大人物,顺应潮流,认为这是事业成功的诀窍:"弱小者如把伟人依靠,乃是获得成功的诀窍,一滴水虽然十分微小,若汇入大海就不会干涸。""如果把伟大人物依附,低下的人也会变成大人物,请看由于攀附于大树,藤蔓也爬到树尖高处。"

正是由于有这样的思想基础,萨迦班智达才能在六十三岁高龄之时应蒙古王室之邀前往凉州,在藏族历史上写下新的一页。

1216年,扎巴坚赞去世,萨迦班智达·贡噶坚赞继任萨迦派的教主。在他掌管萨迦派后,萨迦派的实力仍在继续增长,萨迦派出现了东、西、上三部弟子。其中东部弟子中的夏尔巴·喜饶迥乃跟从萨迦班智达出家,在萨迦寺的东面建立夏尔拉章,有自己的法座传承,俨然萨迦派的一个分支。前述的伍由巴·日贝僧格皈依萨迦班智达之后,八思巴的父亲桑察·索南坚赞委派他掌管细脱拉章,发展成西部弟子。[18] 此外,还有古格王室的成员释迦衮成为经常资助萨迦班智达举行法会的施主,[19] 出身于西夏王族的拉堆地方领主本德也成为萨迦班智达的信奉者,[20] 萨迦派已成为当时后藏地区最重要的一支宗教势力。

《萨迦世系史》记载,当喀且班钦·释迦室利离开西藏返回印度时,[21] 曾对萨迦班智达说:白梵天神(根据《格萨尔王传》,白梵天神是霍尔国的保护神)曾请求释迦室利前去蒙古,释迦室利向度母祈祷,度母对他说:"你去蒙古没有益处,从西藏派一名弟子前去会有好处。喇嘛杰尊钦波(即扎巴坚赞)圆寂前对法主(即萨

---

[18] 蔡巴·贡噶多吉:《红史》(第一版),第50页。

[19] 阿旺·洛桑嘉措(即五世达赖喇嘛):《西藏王臣记》,第113页。

[20] 阿旺贡噶索南:《萨迦世系史》(第一版),第147页。

[21] 据《汉藏史集》记载,喀且班钦·释迦室利(时年八十五岁)于1206年率弟子九十人抵达绰浦寺,在西藏停留十年,九十七岁时返回印度,所以他离开西藏应在1216年,1216年正是萨迦班智达就任萨迦派教主之年。

迦班智达）说：'在你的后半生，蒙古使者将前来，你去，对佛教弘传及众生大有裨益，无论如何应当前往。'"[22]五世达赖喇嘛的《西藏王臣记》则说："扎巴坚赞临终嘱咐萨迦班智达：'在你的后半生，将有头戴飞鹰冠、脚穿猪鼻靴、从说不同语言的国度前来迎请的使者出现，你将在没有听说过三宝之名的国度弘传佛法，一定要前去。'"[23]通常认为，这个故事是萨迦班智达为他前往凉州与阔端会见之事寻找理由编造出来的。但是从1216年的情况看，释迦室利和扎巴坚赞注意到蒙古汗国在北方崛起也不是完全不可能的。

1206年，成吉思汗统一蒙古各部，即蒙古大汗位，随即发兵攻掠金、西夏。1205年到1209年，成吉思汗三次进兵西夏，迫使西夏国王李安全献女请和。当时在西夏王廷有不少西藏高僧活动，拔绒噶举派的一个僧人在西夏当过帝师，被称为帝师热巴；噶玛噶举派的都松钦巴有一个弟子格西藏索哇前往西夏，被奉为西夏王的上师；蔡巴噶举派的贡塘喇嘛尚的弟子扎巴僧格曾奉师命前去西夏，也担任西夏国王的上师。藏巴东库哇等七人先到蒙古，然后又转到西夏，在西夏担任翻译，成吉思汗攻打西夏时他还曾对成吉思汗说法，使成吉思汗下令免除僧人的赋税役。[24]成吉思汗进军的消息通过在西夏的这些西藏僧人传到西藏各教派首领的耳中，引起他们的震动。释迦室利、扎巴坚赞乃至萨迦班智达都可能预感到西藏将会与蒙古发生联系的历史趋势，并认为把佛教传布到蒙古是建立联系最适合的办法。《安多政教史》记载，在萨迦学经多年的西纳格西在成吉思汗驻军上都时前去会见成吉思汗，并被成吉思汗留在身边。[25]这隐约说明当时萨迦派就有人前去蒙古试探情形。

八思巴的父亲桑察·索南坚赞生于阳木龙年（1184），幼年时

---

[22] 阿旺贡噶索南：《萨迦世系史》（第一版），第117页。

[23] 阿旺·洛桑嘉措（即五世达赖喇嘛）：《西藏王臣记》，第91页。

[24] 巴俄·祖拉陈瓦：《贤者喜宴》（第一版，下册），民族出版社，1986，第1414-1415页。

[25] 智贡巴·贡却丹巴饶杰：《安多政教史》，吴钧等译，第166页。

也向扎巴坚赞学习佛教,看来,从索南孜摩一辈开始,萨迦款氏家族即有以幼子繁衍后裔、掌管家务的例规。桑察·索南坚赞为萨迦寺修建了围墙,"在斯塘等地开设商市,建立人口众多之村庄,在仲曲河上下游、达托、芒喀止钦、藏哇普、上下夏卜、达那等地建立溪卡(庄园),在绛迥、喀索、果斋、噶尔普等地建立许多牧场,在热萨等地牧养马群"[26]。在他的经营下,萨迦派的经济实力大为增长。

桑察·索南坚赞娶了五位妻子,长妻玛久衮吉是朵格察人,于1235年生八思巴,1239年生恰那多吉,第二个妻子玛久觉卓于1238年生仁钦坚赞,第五个妻子多吉丹(原是第三个妻子的侍女)于1238年生意希迥乃,第二个妻子玛久觉卓还生了一个女儿多岱,第三个妻子拉久则玛生女儿索南本和尼玛本,第四个妻子觉摩霍江生女儿仁钦迥乃。这样,八思巴同父的兄弟姐妹共计8人,他是长子。

藏历阴土猪年(1239)十二月二十二日,桑察·索南坚赞在拉堆地方去世,此时八思巴年仅五岁,恰那多吉刚出生不久,教育和抚养幼小的八思巴兄弟的责任就由伯父萨迦班智达承担起来。

---

[26] 阿旺贡噶索南:《萨迦世系史》(第一版),第147页。据此可知,当时萨迦派的活动区域已远达雅鲁藏布江南北两岸的萨迦县、拉孜县、昂仁县、谢通门县等地。

2 八思巴的出生和少年时代

八思巴的诞生

按《红史》《汉藏史集》《青史》《萨迦世系史》等藏文史籍记载，八思巴于藏历第四饶迥阴木羊年（1235）三月六日生于后藏昂仁的鲁孔地方，据说他因此而得小名叫类吉（lug-skyes，意为"羊年生人"）。[27]《萨迦世系史》还记载了一个关于八思巴降生的传说：当桑察·索南坚赞修习毗那夜迦（亦译"象鼻天"）法时，见毗那夜迦神[28]前来，用象鼻将他托起，送到须弥山山顶，并说："你看！"桑察·索南坚赞因为惊惧，未能看得很远，仅看见了卫、藏、康三区等吐蕃地面，毗那夜迦神说："本来你所看见的地方都将归你统治，因你没有迅速地看，所以你没有统治的缘分，卫、藏、康三处将归你的子孙后裔统治。"当时，桑察·索南坚赞因年已半百尚未生子，心中颇为焦虑，故向毗那夜迦神祈祷，祈愿得子。所以，毗那夜迦神在萨迦西南贡塘地方高僧萨顿日巴身前显现，并对他说："桑察一再向我祈求，希望能统卫、藏、康三处地面，他本人没有这样的缘分，但是他的儿子应该是住世的菩萨，发愿教化南瞻部洲之大部。所以你应前往他家，转生为桑察之子，治理卫、藏、康三处吐

---

[27] 土观·洛桑却吉尼玛：《宗派源流史》（第一版），甘肃民族出版社，1984，第182页。

[28] 毗那夜迦是印度的一尊神祇，象头人身。据说，他性格仁慈和善，但打起仗来十分骁勇，集象的勇猛和人的智慧于一身。他身边还有一群受他指使且爱捣乱的小神，所以他又被称为群主。他能帮助人们实现美好愿望，因此，在困难时刻人们常向他祈祷，请求帮助。

蕃地面之大部，请你按我的愿望转生！"因此，八思巴出生后读写能力或不学即通，或稍受指点即能通晓，并且具有知道自己前世情形的神通。他曾说自己前一世是萨顿日巴，为了验证此事，萨顿日巴的两位弟子前来查看，当时他正与小孩们做游戏，发觉二人后就招呼他们，并说出他们的名字，因而使他们生起信仰，崇拜得五体投地。此后不久，当萨迦班智达领八思巴到吉隆地方的帕瓦底寺时，僧人们前来会见，八思巴对其中一位老僧说："你是我的侍从扎西顿珠！"那位老僧知道八思巴是自己上师的转生，捧住八思巴的脚，不禁泪下。[29] 这个故事虽然近似神话，但萨迦派的人却深信不疑，萨迦寺中珍藏至今的系列唐卡（西藏佛教的卷轴绢画）《八思巴画传》大约绘于明代，[30] 其中一幅详细描绘了这个故事。

结合当时西藏的历史情况，关于八思巴诞生的这个神奇故事确有其实际意义。从藏传佛教后弘期开始到13世纪初，已经过去二百多年，各个教派创立后也有百余年的历史，随着经济和政治实力的增长，各教派逐渐遇到领袖人物的继承问题。在八思巴出生前不久，噶玛噶举派僧人将一个在康区出生的幼年僧人说成是他们主寺楚布寺[31]创建人都松钦巴的转世，把他接到楚布寺继承都松钦巴法座，这个幼年僧人就是后来与八思巴命运相关联的噶玛拔希（1204—1283），这是在藏传佛教各教派中最早出现的"活佛转世"。活佛转世制度是在寺院经济得到发展，以寺院为中心的统治集团形成后的产物，当寺院经济有了一定的发展，以寺院为中心的统治集团无法用世袭制或师徒相传的办法来解决领袖人物的继承问题，

---

[29] 阿旺贡噶索南：《萨迦世系史》（第一版），第149-150页。

[30] 明代唐卡《八思巴画传》，共25轴，现藏于萨迦寺。1987年，西藏人民出版社和新世界出版社联合出版了由中央民族学院少数民族文学艺术研究所主编的画册《八思巴画传》，《八思巴画传》增加了唐卡的说明文字。这是通过深入研究《萨迦世系史》而取得的一项重要成果。

[31] 楚布寺在拉萨西北堆龙德庆县境内，距拉萨市区约60公里。

位于日喀则市吉隆县吉隆镇的帕巴寺,八思巴三岁时曾随萨迦班智达到过此地。

为了使本教派的力量不致分散,在激烈的教派斗争中能够存在和发展,就有可能采用活佛转世制度来解决领袖人物的继承问题。萨迦派在藏传佛教各教派中是寺院经济发展较早的一个教派,但是由于它从一开始就与款氏家族直接结合,萨迦派的宗教领袖只能从款氏家族成员中产生,因此萨迦派没有出现活佛转世制度。可是,从官却杰波到八思巴之间,萨迦派的领袖继承问题不能算是圆满解决了,主要的困难在于款氏家族后裔少,由于可选择的人少,虽然避免了争夺继承权的斗争,但同时也多次面临后继无人的危机局面。为了使款氏家族世代相传的地位能够得到巩固,萨迦派除了宣扬款氏家族来历的神异,将扎巴坚赞、萨迦班智达说成是文殊菩萨的化身外,对八思巴的降生也着力渲染,使八思巴从小就获得众人的崇信。由此可以看出萨迦班智达等人的一番苦心。

不过，八思巴自幼聪明颖悟，或许确有其事，加上有萨迦班智达这样的名师悉心教导，他在佛学上的进步很快。《萨迦世系史》记载："八思巴三岁时，能记诵莲花修法等，众人惊异，说：'他果真是一位圣者！'由此名声远扬，故通称其名为八思巴（vphags-pa，藏语意为'圣者'）。八岁时能记诵佛本生经。九岁时，在萨迦班智达举行的预备法会上，八思巴讲说萨迦派道果法的主要经典《喜金刚续第二品》（他幼年时即能在法会上说法），大众惊异，众学者也抛弃傲慢之心而听受，八思巴声名远扬。"[32]《元史·释老传》记载："八思巴生七岁，诵经数十万言，能约通其大义，国人号之圣童，故名八思巴。少长，学富五明，故又称班弥怛。"《拔思发行状》记载："乃礼伯父为师，秘密伽陀，一二千言，过目成诵。七岁演法，辩博纵横，犹不自足。复遍咨名宿，勾玄索隐，灵通三藏。"《敕建帝师殿碑》记载："师生八岁，诵经数十万言，又能约通大义，国人以为圣，故称拔思发。长而学富五明，故又称班弥怛。其所师而学焉、友而问焉者数十人，皆有盛名于时。故其所有汪不可涯矣。其所撰述，皆辞严义伟，制如佛经，国人家传口颂，宝而畜之。"看来，这些汉藏文史籍是依据一些相同的传说故事而记录的。

跟随伯父前往凉州

八思巴出生前后，西藏周边及西藏的政治局势正在急剧地变化。1216年扎巴坚赞去世时，通过在西夏活动的僧人，蒙古在北方迅速崛起的消息已传到西藏。1218年，蒙古军再次进攻西夏，西夏国王李遵顼逃到西凉府。成吉思汗曾派大将者别率军两万追击乃蛮部太阳汗的儿子屈出律，尽取喀什噶尔、叶尔羌、和田等地。当时可能有一支蒙古军从叶尔羌南下，收服西藏西部的阿里地区，并征收丁壮随蒙古军征战。《元史》记载，1225年者别军中有吐蕃军

---

[32] 阿旺贡噶索南：《萨迦世系史》（第一版），第150页。

帅。[33]1226年，成吉思汗亲率大军再次攻打西夏，于1227年挥师渡过黄河进攻积石、临洮、西宁等州，进入了甘青藏族地区，当年夏天，西夏投降蒙古，成吉思汗也在六盘山病死。

1229年，按照成吉思汗生前的安排，他的第三子窝阔台即蒙古大汗位。窝阔台将原来西夏的地区赐给他的第二子阔端作封地，阔端率部驻守河西走廊，开始了对藏族地区的经营。1234年蒙古灭金，窝阔台召集诸王及大臣协商，议定分路远征南宋和欧洲，阔端奉命率军由甘肃进攻南宋的陕西、四川地区。1236年，阔端命宗王末哥以按竺迩为先锋，分兵由甘肃南部藏族地区入川，途中招降了临洮藏族首领赵阿哥昌、赵阿哥潘父子，以及文州藏族首领勘陀孟迦。[34]阔端攻入成都后，遇到南宋军民的激烈抵抗，只得从四川回军甘肃，以凉州为基地，以图再举。可能是为了保证进攻四川时蒙古军侧翼的安全，阔端派兵进入西藏。关于蒙古军队首次攻入西藏的情况，藏文史籍中有如下记载：

《大司徒绛曲坚赞自述》记载："在伯侄二人（指帕竹家族的京俄·扎巴迥乃和止贡家族的温仁波且·索南扎巴）时，出现了蒙古的法度。蒙古以多达那波（dor-ta-nag-po）[35]为将军，在藏北热振寺杀死僧人五百名，使整个吐蕃的土石都为之颤抖。此后将军多达在热、索设立驿站。当京俄仁波且避往顿塘时，多达逮捕了官巴释迦仁钦，准备处死他。此时，（京俄仁波且）向度母祈祷，从天上降下一场石雨，所以将军多达说：'托因，你是好人。'向京俄仁波且致敬顶礼，保全了官巴的性命。（向蒙古军）奉献了吐蕃所有立有木门的人家的户籍，收取贡品，使其归降了（蒙古）。从东方工布

---

[33] 《元史》卷一四九《郭德海传》："从先锋柘柏西征，渡乞则里八海，攻铁山……逾雪岭西北万里，进军次答里国，悉平之。乙酉（1225），还至峥山，吐蕃帅尼伦、回纥帅阿必丁反，复破斩之。"

[34] 《元史》卷一二三《赵阿哥潘传》，《元史》卷一二一《按竺迩传》。

[35] 蔡美彪、周良霄、周清澍等：《中国通史》（第七册），人民出版社，1983。书中将"dor-ta-nag-po"译为"朵斡耳答答剌罕"。

地区以上，东西洛扎、涅、洛若、加尔波、门白卓、洛、门以及尼婆罗边界以内的各个城堡都加以拆除，安立法度。使国法教律如同清晨升起的太阳在所有讲藏语的地区显现，这就是京俄仁波且对于吐蕃地区的大恩德。"[36]

《贤者喜宴》记载："成吉思汗五十九岁的铁鼠年（1240），[37]以多达为将军的蒙古军队从凉州阔端那里首次到达吐蕃地方，正如邬坚仁波且所预言的那样：'朵甘思、朵思麻、索曲、热振等地，都是伤心的根由，不详细论说。'蒙古军在朵思麻、朵甘思、索曲等地见人便杀，给热振造成重大损害，达垅寺被雾罩住，没有看见，杰拉康寺被焚毁，索敦等五百名出家僧人被杀。止贡的京俄·扎巴迥乃（帕竹家族的京俄·扎巴迥乃担任止贡寺寺主）降下石雨，故止贡寺未遭损害，但是蒙古人要京俄去当应供喇嘛，京俄·扎巴迥乃说：'有个适合当你的应供喇嘛的人，住在西面。'鼓动蒙古人去迎请萨迦班智达，一面又鼓动萨迦班智达说：'为了整个吐蕃的利益，你应前去。'这样在木龙年（1244）将萨迦班智达、其十岁的侄子八思巴和其六岁的侄子恰那等伯侄三人迎请到止贡寺，献上礼品，资送他们前往。"[38]

从这些记载看，多达那波进藏虽然只是一支蒙古军的偏师，但是在西夏和甘青的藏族僧人的帮助下，多达那波了解、掌握了拉萨地区的地理交通和各教派的寺院分布情况。在蒙古骑兵经藏北草原从当雄（vdam-gzhung）沿着乌鲁龙曲河到达旁多时，兵锋已指向拉萨，他选择攻打位于旁多东北的热振寺和位于交通要冲的杰拉康寺，以达到震慑各教派僧俗首领的目的。热振寺和杰拉康寺同属噶当派，而且两寺关系密切。多达派一路士兵攻打热振寺，以防热振寺支援杰拉康寺，主力则绕过旁多附近的达隆寺，集中攻击杰拉

---

[36] 大司徒绛曲坚赞：《朗氏家族史》，西藏人民出版社，1986，第109页。

[37] 笔者认为，成吉思汗生于阳水虎年（1182），与萨迦班智达同年。

[38] 巴俄·祖拉陈瓦：《贤者喜宴》（第一版，下册），第1416-1417页。

康寺。杰拉康寺西南有路可通堆龙德庆县的玛乡，可达楚布寺，南面越过郭拉山口就到拉萨北面的夺底沟，东北有路通达隆寺和热振寺，东面有路直通墨竹工卡。杰拉康寺距止贡寺、蔡公堂寺、楚布寺、达隆寺、热振寺等寺院都不远，骑马一两天即可到达，是一个重要的交通路口。战斗的结果是"杰拉康寺被焚毁，索敦等五百佛教僧人被杀"。同时重创了噶当派的两个重要寺院，其规模和破坏程度远超过西藏僧团和地方势力之间的互斗，而且使西藏各教派僧众切实体会到蒙古军队的战斗力量。[39]

可能是为了突出萨迦派在西藏地区和蒙古关系中的重要作用，萨迦派所写的《萨迦世系史》《汉藏史集》等著作中都没有提到多达那波攻打热振寺、后与止贡寺京俄仁波且联络之事，而直接记载阔端派人迎请萨迦班智达。据《萨迦世系史》记载，阔端在邀请萨迦班智达的信中说："我为报答父母及天地之恩，需要一位能指示道路取舍之上师，在选择时选中了你，故望不辞道路艰难前来此处。若是你以年迈为借口（不来），那么以前释迦牟尼为利益众生做出的施舍牺牲又有多少？（对比之下）你岂不是违反了你学法时的誓愿？你难道不惧怕我依边地的法规派遣大军前来追究会给众生带来损害吗？故此，你若为佛教及众生着想，请尽快前来，我将使你管领西方之僧众。"又提及："当蒙古的迎请使者们到达时，萨迦班智达虽已年老，但想到上述缘故（指喀且班钦·释迦室利和扎巴坚赞的预言），于是不顾身体性命前往，于六十三岁时前去西夏地方的凉州。"[40]

从这些记载可以看出，蒙古与西藏最初建立关系的过程大致是这样的：在成吉思汗时代，已经有一些萨迦派、止贡噶举派、

---

[39] 杰拉康寺的半山坡上至今留有当年的墙垣，至20世纪30年代仍可见当年战斗造成的火烧痕迹。参见冈田英弘：《蒙古史料中的早期蒙藏关系》，邓锐龄译，载邓锐龄：《藏族史论文译文集》（下册），中国藏学出版社，2004，第848页。

[40] 阿旺贡噶索南：《萨迦世系史》（第一版），第118页。

蔡巴噶举派僧人在西夏王室活动,有的人还到过蒙古。通过他们,蒙古在北方兴起的消息传到了西藏。蒙古灭掉西夏后,占领了甘青部分藏族地区,也有部分西藏僧人归属蒙古。阔端受命统治西夏故地后,对西藏的情况有了进一步的了解,为了巩固蒙古在西夏故地的统治,保障蒙古军队进攻南宋时侧翼的安全,阔端决心将西藏统一到他的治理之下。1240年阔端派部将多达那波率军攻入西藏,并设立了个别驿站,只有少数寺院对蒙古军有过抵抗,立即遭到惨败,蒙古军控制了西藏各主要地区。西藏各教派和地方势力看到在军事上无法与蒙古军对抗,不得不表示对蒙古军的臣服。阔端想通过与佛教领袖建立联系的办法在西藏站稳脚跟,西藏各教派的领袖也想把佛教传布到蒙古王室中,争取蒙古统治者对自己所在教派的支持。但是当阔端要迎请一位西藏佛教领袖到他的宫廷中传教时,前藏地区的止贡噶举(包括帕竹噶举)、蔡巴噶举、噶玛噶举等教派的领袖们都畏缩不前,对蒙古军敬而远之,不愿奉召。止贡噶举派的京俄·扎巴迥乃向蒙古军推荐了萨迦班智达,并且鼓动萨迦班智达前往。蒙古军的将领通过实地考察了解到萨迦派是后藏地区最重要的教派,萨迦班智达是很有声望的大学者,因此阔端向萨迦班智达发出了邀请,并暗示如不接受将以武力逼迫,在这种情况下萨迦班智达带着八思巴兄弟于1244年底踏上了前往凉州的艰难旅途。

  萨迦班智达在动身之前对萨迦派的事务作了仔细的安排,他任命释迦桑布为"细干巴"(gzhis-rgan-pa),负责处理萨迦派各种事务。除了负责宗教事务的伍由巴·索南僧格和夏尔巴·意希迥乃之外,他要求萨迦派其他高僧大德都要向释迦桑布敬礼,也就是让释迦桑布、伍由巴·索南僧格和夏尔巴·意希迥乃组成一个掌管萨迦派僧俗事务的领导集团,[41]保证在他不在的情况下萨迦派内部不致发生动乱。由此看来,萨迦班智达对他去凉州后可能发生的各种情况都有考虑,他可能估计到自己短期内或者永远无法返回萨迦,但为

---

[41] 达仓宗巴·班觉桑布:《汉藏史集》(第一版),第323页、第357页。

了将萨迦派教主职务按惯例顺利传给下一代,为了使萨迦派与蒙古的关系能顺利发展下去,不被别的教派捷足先登,萨迦班智达把自己的继承人八思巴兄弟带在身边。

许多藏文史籍还记载,八思巴赴凉州的途中在拉萨地方(有的说是在拉萨大昭寺觉卧佛像前)从萨迦班智达和苏浦巴受沙弥戒出家,起法名为洛追坚赞贝桑布(blo-gros-rgyal-mtshan-dpal-bzang-po),成为一名学经僧人,还曾在拉萨西郊的觉莫隆寺听该寺堪布喜饶僧格讲授沙弥戒律。[42]《汉藏史集》记载:"(恰那多吉)六岁时,作为萨迦班智达的随从去凉州,萨迦派僧众请求说:'侄子两兄弟年龄幼小,不堪远途行走,请把他们留下来。'恰那多吉表现出坚韧毅力,平息了大众的劝阻。"[43]由此可见,八思巴、恰那多吉是与萨迦班智达一起去凉州的。

伯父树立榜样——在凉州的生活

萨迦班智达和八思巴、恰那多吉一行经过将近两年的跋涉,于定宗元年(1246)八月到达凉州,但是此时邀请他们前来的阔端已到蒙古地方(《元史》称为"汪吉宿灭秃里之地")参加贵由即大汗位的典礼去了,他们就停留在凉州等待。定宗二年正月,阔端回到了凉州,与萨迦班智达举行了具有重要历史意义的会见。

名义上说,萨迦班智达是阔端请来"指示道路取舍"的上师,以便阔端能"报答父母及天地之恩",也就是宗教上的指导者。但是实际上萨迦班智达是作为西藏各教派的政治代表来到凉州的,他与阔端会见后首先商谈的是,在西藏各种势力各据一方的情况下如何真正实现西藏归附于蒙古汗国。萨迦班智达与阔端议定了降附纳

---

[42] 阿旺贡噶索南:《萨迦世系史》(第一版),第50页;达仓宗巴·班觉桑布:《汉藏史集》(第一版),第325页。

[43] 达仓宗巴·班觉桑布:《汉藏史集》(第一版),第330页。

贡、维持原来地方首领职权、各地势力通过萨迦派与蒙古交往等条件；然后萨迦班智达以佛教首领的名义将这些条件转达西藏各个僧俗领袖，并规劝他们接受。萨迦班智达从凉州向在西藏的各派领袖和众亲友弟子发出许多信件，指出为了藏族的长远利益，应当放弃武力抵抗的打算，按照条件归降蒙古，其中最著名的是《萨迦班智达贡噶坚赞致乌思藏善知识大德及诸施主的信》。信中说，"此菩萨汗王对佛教教法，尤其对三宝十分崇敬，以良善之法度护持臣下，对我之关怀更胜于他人。曾对我云：'汝可安心说法，汝之所需，吾俱可供给。汝作善行吾知之，吾之所为善否天知之。'彼对八思巴兄弟尤为喜爱。彼有'为政者善知执法，定有益于所有国土'之善愿，曾曰：'汝可教导汝吐蕃之部众习知法度，吾当使之安乐！'故众人俱应努力为汗王及王室诸人之长寿而祈祷祝愿！""为举荐官员，汝等可派堪充来往信使者，将该处官员姓名、百姓数目、贡品数量缮写三份，一份送来我处，一份存放萨迦，一份由各该官员收执。另需绘制一幅标明某处已降、某处未降之地图，若不区分清楚，恐已降者受未降者之牵累，遭到毁灭。萨迦金字使者应与各处之长官商议行事，除利益众生之外，不可擅作威福，各地长官亦不可未与萨迦金字使者商议而擅权自主。不经商议而擅自妄行是目无法度，若获罪谴，吾在此亦难求情，惟望汝等众人齐心协力，遵行蒙古法度，必有好处。"[44]

从这封信的内容看，通过萨迦班智达与阔端的会谈，确认了西藏全部归附蒙古，成为蒙古汗国的属地。阔端承认归附的各地首领可保有原来的地位，但要通过蒙古的委任，并向蒙古呈报户籍，交纳贡赋，接待蒙古的使臣，遵行蒙古的法度。在这一过程中，阔端认可了萨迦派在各教派中的领先地位，兑现了邀请萨迦班智达时作出的让他管理西藏僧众的承诺。经过萨迦班智达的努力，西藏归入

---

[44] 阿旺贡噶索南：《萨迦世系史》（第一版），第135-140页；《萨迦班智达公哥监藏致蕃人书》，王尧译，载韩儒林主编、南京大学元史组编写《元史与北方民族史集刊》1978年第3期。

白居寺位于江孜县，在主体建筑措钦大殿的二层设有道果殿。图为道果殿壁画"萨班会见阔端"。

蒙古汗国（即统一于元朝）的过程中基本上没有发生大规模的战争，西藏地方正常的生产和生活得到了保障，藏族的封建经济也由此得以持续发展，同时也为元朝在西藏的施政奠定了基础，这些都符合藏族人民的根本利益。同时，萨迦班智达也为中国多民族统一国家的巩固和发展事业作出了不可磨灭的历史贡献。萨迦班智达顺应了历史发展潮流，是一位值得肯定的历史人物。

　　对于萨迦班智达和八思巴在凉州的生活，阔端也做了安排。据说，萨迦班智达为阔端治好了多年未愈的顽疾，得到阔端的景仰。当时，在阔端的宫廷中有也里可温（元朝人对基督徒和教士的通称）、蒙古萨满和维吾尔、藏族佛教僧人等，在萨迦班智达到达凉州之前，也里可温和萨满的影响较大，在为阔端祈愿时，也里可温和萨满坐在各僧侣的上首。萨迦班智达通过维吾尔佛教僧人向阔端介绍佛教教义，阔端听了很高兴，下令以后在举行宗教仪式时也里可温和萨满不能坐上首，要让萨迦班智达坐在上首的位置，祈愿时佛教僧人领先,并委任萨迦班智达为"祭天长老"。这就扩大了佛教在阔端宫廷的影响。阔端还为萨迦班智达修建了一座幻化寺,让萨迦班智达和八思巴居住。他们的生活所需都由阔端供给,而且得到优待,正如八思巴宪宗二年(1252)二月从凉州写给涅塘巴·扎巴僧格的信中所说:"我们众人在教法及享用方面不须发愁,定会十分丰足。"

关于八思巴在凉州的生活情况,直接的记载不多。我们只知道按照阔端的安排,八思巴继续跟从萨迦班智达学习吐蕃教法,恰那多吉穿着蒙古服装,学习蒙古语言。由于萨迦班智达的精心教诲,加上八思巴的勤奋和聪颖,他的学业进步很快,到十七岁时八思巴已学完萨迦班智达教授的所有教法,掌握了担任萨迦派教主必须具备的知识。同时他从这一时期开始练习命笔作文,《萨迦五祖全集》中八思巴署有日期的最早一篇文献是1250年在凉州写的《怙主赞颂》。除了学习藏传佛教和藏族文化,八思巴在阔端的宫廷还接触到各族各界人士,接触到蒙古族、汉族、维吾尔族的历史和文化,积累了不少政治经验,这些都为他后来的发展奠定了良好的基础。

《心脂》(据传,该书由元代僧人搠思吉斡节儿撰写)记载:"当时,萨斯嘉·班第达曾于夜间冥想,应以何种文字裨益于蒙古。翌晨兆现,一女子肩揉皮搔木前来跪拜。因依此兆,仿搔木形象制作蒙古文字,分男性、女性、中性三类,编成强、虚、弱性三种。其文字为……然以时机未至,未获机缘,故未以蒙古语翻译佛典。"[45]这说明萨迦班智达曾经为了将佛经译为蒙古语准备创制一种蒙古文字,文中所说字分男性、女性、中性三类,与藏文语音学将字母分阳性、阴性、中性的说法相一致。这说明萨迦班智达可能已开始探索按照藏语语言文字学理论设计一套蒙古文字了,虽然最终没有完成,但是却为后来八思巴创制蒙古新字奠定了基础。

除了萨迦班智达与阔端的关系外,八思巴兄弟与阔端的儿子们

---

[45] 周清澍:《库腾汗——蒙藏关系最早的沟通者》,《内蒙古大学学报》1963年第1期。

恰那多吉受封的白兰王驼纽金印

也建立了密切的联系。更令人惊奇的是阔端很快将这种关系发展为与萨迦款氏家族通婚的关系。《汉藏史集》记载："（恰那多吉至凉州后）阔端王令其着蒙古装，娶公主墨卡顿。朝见薛禅皇帝后，受封白兰王。"[46]《萨迦世系史》则记载："蒙古薛禅皇帝封他为白兰王，赐金印及左右两部同知衙署，并将公主墨卡顿嫁给他，让他穿蒙古服装，任命为吐蕃三区的执掌法度的长官。"[47]

《萨迦世系史》记载："众生怙主恰那多吉有三个妻子，一个是阔端之女茫噶拉（很可能就是墨卡顿），一个是玛久丹察曲本，她们二人没有生子。第三个妻子是夏鲁万户家的堪卓本，她父亲名尚阿扎，是蒙古皇帝的一位重臣，她生子达玛巴拉合吉塔。"[48]看来，恰那多吉先在凉州娶墨卡顿公主为妻，在会见忽必烈之后受封白兰王。恰那多吉到凉州时年仅八岁，1251年阔端和萨迦班智达在凉州去世时他也不过十二岁，他的这次婚姻自然是阔端和萨迦班智达为加强双方联系而采取的一个重要步骤。当时整个西藏都属阔端管辖，作出这样的安排，一方面符合蒙古王室与归附的其他民族主要贵族通婚的惯例，另一方面也符合萨迦款氏家族以一个儿子繁衍后

---

[46] 达仓宗巴·班觉桑布：《汉藏史集》（第一版），第330页。

[47] 阿旺贡噶索南：《萨迦世系史》（第一版），第223页。

[48] 同上书，第236页。

代的传统。后来恰那多吉的儿子达玛巴拉合吉塔被尊为帝师,忽必烈仍命他娶阔端的儿子启必帖木儿的女儿贝丹为妻,这是蒙古王室与萨迦款氏家族通婚政策的延续和发展。

除了阔端一支以外,萨迦班智达和八思巴到达凉州的消息也引起蒙古皇室其他成员的注意。《萨迦世系史》记载,萨迦班智达在临终前几天,命侍从取出王妃 zo-rog-ta 献给他的大氅,赠给早就在西夏、蒙古地方活动的藏族僧人毕吉。王妃 zo-rog-ta 是拖雷之妻、忽必烈之母唆鲁禾帖尼的藏文译音,藏文史籍还称其为 za-yin-'e-kha-zo-rog-ta,即赛因额克(好母亲)唆鲁禾帖尼,这说明忽必烈一家早已与萨迦班智达建立联系。在《佛祖历代通载》卷三十五《胆巴传》中还有如下记载:

初,世祖居潜邸,闻西国有绰理哲瓦道德,愿见之,遂往西凉遣使,请于廓丹大王。王谓使者曰:"师已入灭,有侄发思巴,此云圣寿,年方十六,深通佛法,请以应命。"至都,旬日即乞西还。上召问曰:"师之佛法,比叔如何?"曰:"叔之佛法如大海水,吾所得者以指点水于舌而已。"问答允称,上喜曰:"师年虽少,种性不凡,愿为朕留,当求戒法。"寻礼为师。

此处的绰理哲瓦是萨迦派对萨迦班智达的尊号 chos-rje-pa(意为"法主")的音译。《汉藏史集》中有一段与此稍有不同的记载:"当(萨迦班智达)伯侄到达凉州幻化寺时,蒙古薛禅汗传来令旨说:'有名萨迦喇嘛之殊胜尊者抵达凉州,应作我之上师。'法主因年老未去,喇嘛八思巴与凉州的王子蒙哥都一起,前往汉地,与住在汉地六盘山的薛禅汗忽必烈相见。(忽必烈)大喜,赠给凉州蒙古马军一百,留下萨迦人(八思巴),结为施主与福田。(八思巴)担任喇嘛以及在凉州为法主圆寂举行超荐法事等,在汉地和蒙古住了多年。"[49]《红史》中也有类似记载:"众生怙主八思巴洛追坚赞,生于阴木羊年,十岁时作为伯父的随从去凉州。后来当忽必烈住于六

---

[49] 达仓宗巴·班觉桑布:《汉藏史集》(第一版),第326页。

甘肃武威白塔寺，又称百塔寺。

盘山时，凉州的王子蒙哥都和喇嘛一起去会见，大喜，赠给凉州王子蒙古马军一百，留下了萨迦人，传授灌顶，结为施主与福田。"[50] 所以，八思巴与忽必烈的会见可能有多次，大概萨迦班智达在世时，他就代替萨迦班智达去会见过忽必烈，忽必烈用一百名骑兵的代价留下八思巴。此后不久，萨迦班智达病危，八思巴离忽必烈营帐返回凉州。萨迦班智达自知行将不久于人世，以自用之法螺及衣钵授予八思巴，举行付法仪式，并将自己全部徒众托付给他。萨迦班智达付法完毕后嘱咐八思巴："汝利益教法圣业及无数众生之时已至，当谨记先前对我所发之誓愿！"

元宪宗元年（1251）十一月十四日，萨迦班智达在凉州幻化寺去世。这样，年仅十七岁的八思巴就成为萨迦派的新教主。

阔端为萨迦班智达修建的幻化寺的遗址近年在甘肃武威市百塔村发现。在1927年的河西大地震中，白塔寺的大白塔倒塌，从中

---

[50] 蔡巴·贡噶多吉：《红史》（第一版），第48页。

发现的汉藏文对照的明宣德五年《重修凉州白塔志》与宣德六年《建塔记》，证实了其为萨迦班智达在凉州时的居住地。明宣德五年立的《重修凉州白塔志》记载："凉州为河西之重镇，距城东南四十里有故寺，俗名白塔，不知起于何代，原其本乃前元也禅火端王重修，请致帝师撒失加班支答居焉。师后化于本寺，乃建大塔一座，高百余尺，小塔五十余座。周匝殿宇非一。元季兵燹，颓毁殆尽，瓦砾仅存。宣德四年，西僧妙善通慧国师锁南监参因过寺，悯其无存，乃募缘重修寺塔，请命于朝，赐寺名曰庄严。"可见在明朝前期的碑刻中就明确指出此寺是萨迦班智达在凉州居住的幻化寺。幻化寺的兴建在藏传佛教传入蒙古的历史中，是一件具有重要意义的大事。蒙古汗国时期，汗王和贵族依然居住在毡帐中，四处迁徙，因此依附汗王贵族的宗教僧侣也是居住在毡帐中，并没有皇室兴建寺院的举动。在灭金、西夏后，只有少量在战争中损坏的寺院得到修复。而幻化寺是有文献记载以来第一座由外民族的君王在内地为藏传佛教兴建的寺院，这开创了元、明、清三朝在内地兴建藏传佛教寺院的先例。藏传佛教各教派的领袖和高僧继萨迦班智达之后，纷纷来到内地活动，寻求中央王朝的支持，并把在内地兴建自己教派的寺院作为在内地扩大自己教派影响的根据地。这表明，随着中央王朝统一大业的进展和藏传佛教的发展，藏传佛教扩大在内地的活动已经成为一种历史发展的趋势，在增进宗教关系的同时，西藏和内地在政治、经济和文化上的关系也随之有了很大发展。

时局变幻——蒙哥汗与西藏

1248年，贵由汗在横相乙儿（今新疆额敏县附近）病逝，蒙古大汗的继承问题再次引起纷争。1251年，唆鲁禾帖尼在阔帖兀阿阑之地召开大会，推选蒙哥继大汗位，汗权从窝阔台系转入拖雷系手中。蒙古皇室内部的这一次权力转移，对当时西藏的政治形势产生了重大影响。窝阔台子孙失烈门、脑忽等因反对蒙哥汗受到镇压，阔端虽然与蒙哥一家关系较好,未受到牵连,但其权力也受到削弱,特别是管理西藏的权力立即被蒙哥剥夺。《大司徒绛曲坚赞自述》中对此有比较明确的记载:

"多达那波前来西藏的时间,约在成吉思汗的儿子窝阔台在位的时期。窝阔台和贵由归天之后,诸王兄弟集会,商议大汗的位子由谁来坐,一致同意由蒙哥任大汗。蒙哥汗虽然继承了大汗之位,当时吐蕃还由凉州王子阔端掌管着,于是从阔端阿哈那里得到上师,由蒙哥汗掌管止贡派,由薛禅汗掌管蔡巴派,由王子旭烈兀掌管帕竹派,由阿里不哥掌管达垅派。这样,由四位王子分别掌管各个万户。"[51]

实际上,蒙哥接管西藏的过程比绛曲坚赞的描述要复杂一些。蒙哥汗即位后,进一步扩大蒙古的括户和投下分封制的范围。壬子年(1252),蒙哥下令"籍汉地民户",派月合乃等人"料民丁于中原",次年正月,又"遣必阇赤别儿哥括斡罗思户口",也就是说此次括户的范围延伸到蒙古统治下的俄罗斯。括户,就是清查登记属于蒙古所辖地区的户口,确定其归属,其中划给诸王、后妃和功臣的民户称为封户;隶属本主,不得迁徙出离这些领主的封地采邑,称为投下。西藏归附蒙古之初,是由阔端掌管,阔端通过萨迦派统计西藏各地户籍,收取贡赋,西藏相当于是阔端的一块封地。蒙哥汗接管西藏的统治权之后,即派人入藏清查户口,进行括户,而西藏的括户也是在壬子年进行的,所以应看作蒙哥汗继位后在全汗国进行括户的一部分。

对于西藏时局的这一变化,年轻的、刚刚担任萨迦派教主的八思巴采取了从容应对的态度,他首先通过写信保持和西藏的联系,在稳定西藏事务上发挥自己的作用。宪宗二年(1252)二月三日,八思巴从凉州王宫之佛殿写信给在西藏的涅塘巴·扎巴僧格,请扎巴僧格来凉州为他传授比丘戒,信中提及:"现今皇帝安居于索申(so

---

[51] 大司徒绛曲坚赞:《朗氏家族史》,第109-110页。

zin）地方，汗王以当前事务系于心中，下令对僧人、方士等敬神之人一概免除兵差，使其安居，并命萨迦派管理所有执事及僧众。为赍送此项诏书、清查人口及迎请上师（此处有缺字——笔者注）周前来。"[52]

两天后，为通报萨迦班智达去世，八思巴又向萨迦派的僧人们写了一封信，此信在收入《萨迦五祖全集》时题为"萨迦班智达去世时八思巴致乌思藏地区高僧大德的信"，全文如下：

祝愿吉祥！

向三世善逝佛之法身、佛法不坏甘露之源泉、抚育诸菩萨之慈母、无与伦比之上师顶礼！

此信寄乌思藏地方皈依于一切喜庆之源泉、具吉祥萨迦寺诸善知识大德之首领、上师法主脚下之各位弟子：上师法主以无边大悲护持有情众生，此具足殊胜智慧、对知识坛城了达无余之大自在者，以不可思议之神变作大有利于众生之伟业。彼又见于他处世界作利益众生事业之时机已至，为使持常见这部分弟子明白诸行无常之理，使息懒者于正道努力求取，故显示大地摇动、发出巨声、天空充满光明之无数神幻，使诸有情众生聚集。上师谕示曰："吾亦是三辈肉躯之身，当证得佛陀如来对众阿罗汉所说之无垢正等觉之福德而入于寂静。"上师又明白告诫于我等："汝等诚心诚意对我所发之誓愿，不论何人何时均须谨记！"如是，上师于猪年（1251）十一月十四日显示与无数天神相同之相，入于涅槃。对此，具善知之人当弃却世俗凡人之悲戚伤痛。今后，吾等如以纯正之诚心向大法主祈愿，因彼具有诸佛菩萨之无遮蔽智慧，无论何时对利益众生之事业不生倦怠之心，定会以真实之智慧看顾吾等。

虽在此大自在者去世之后，因法主本身慈悲之法力，吾等众人俱得享安乐。皇子蒙哥现已即位，对吾等甚为关怀。蒙哥汗即位之诏书

---

[52] 阿旺贡噶索南：《萨迦世系史》（第一版），第169页。

已向各方宣布，境内各处平安。尤其是向各地方宣布了"对僧人免除兵差、劳役、贡赋，使臣们不得在僧舍住宿，不得向僧人们摊派乌拉，使僧人们依照教法为朕告天祝祷，所有僧人之事俱由萨迦派掌领"之良善诏书。皇帝并宣谕于我："已派金字使臣去吐蕃各处清查户口，划分地界，汝可遣僧人同往。"为此，我已派遣格西多吉周与格西松巴等率领随从前往，详细情形可询问彼等。对此事虽有各种流言传播，汝等不必惊惧，各地都将获得安乐。汝等众人有大甲胄保护，当努力敬奉上师。

阳水鼠年（1252）春二月五日于凉州王宫之佛殿内写就。[53]

从这封信看，蒙哥汗即位之初在向西藏颁布即位诏书的同时，还颁布了一道免除僧人赋税、兵差、劳役和保护僧人的诏书，诏书中还承认萨迦派在藏传佛教各教派中的领先地位，这都是对阔端的西藏政策的继承。同时蒙哥汗又派人到西藏清查户口，划定地界，为他在西藏实行分封制作准备。为了在清查户口时便于与各派宗教领袖和世俗领袖联络，减少因括户引起的惊惧和动乱，蒙哥还命令刚刚继任萨迦派教主的八思巴派遣僧人与使者一起前往，以保证清查户口的顺利完成。另外，蒙哥汗所派的使者还有迎请上师的任务，大概也是蒙哥汗为了加强拖雷一系与藏传佛教的关系而采取的一个重要步骤。

蒙哥汗在西藏的括户，大约在1253年完成。在此基础上，蒙哥汗将西藏主要地区分配给他本人和同母兄弟忽必烈、旭烈兀、阿里不哥作封地，由于这种分配以藏传佛教各教派的势力范围作基础，诸王子又与各教派领袖形成"结纳关系"，因此这种分封被一些史书误解为蒙古诸王子分别与各派首领结成施主与福田的关系。例如《汉藏史集》就记载说："拖雷诺颜与唆鲁禾帖尼之子为长子蒙哥汗（与止贡派结为施主与福田）。第三子忽必烈世祖薛禅汗（先与

---

[53]《萨迦五祖全集》（德格木刻版）第十五函，第320页。

蔡巴派结为施主与福田）生于阴木猪年（1215），在位三十五年。第四子阿里不哥（与噶玛派结为施主与福田），第五子旭烈兀（与止贡派结为施主与福田）。"当时止贡派与帕竹派关系密切，帕竹家族的京俄·扎巴迥乃担任止贡寺寺主，所以旭烈兀应是与帕竹派结为施主与福田。当时蒙哥、忽必烈、阿里不哥得到的封地的范围，还没见到准确的记载，但旭烈兀的封地在帕竹派的文书中记载得很清楚。《大司徒绛曲坚赞自述》记载："属于王子旭烈兀的地方为：自门地的果顶以上、上下聂地区、居秀、黑白洛若、加尔波、埃切哇地方的埃穷，现在还写在分封诏书中。埃穷的人们属我们管辖，羊卓三岗中，雅拉香波周围的牧民，查叶岗勒周围的牧民，却曲林、多参、甲孜止古周围的牧民在为萨·多吉贝做净罪法事时要到丹萨梯寺[54]的吉祥光盛灵堂前奉献酥油灯，现在羊卓地方的人在算卦时要请该管灯的老僧去他们那里，就是由于这个缘故。汤卜赤、穷结、曲、门喀、喀达多波、扎底、沃那南夏俄以及桑耶寺东门以下、洛扎东面直到雄底、巴辛农牧区，以及阿里的果绒朵以上、波日克山脚以下的各个地区都属于旭烈兀。"[55]

五世达赖喇嘛引述了大司徒绛曲坚赞的这一段记载后，提出这样的看法："蒙哥汗以止贡派、薛禅汗以蔡巴派、旭烈兀以帕竹派作为自己的福田，也就是诸王子将吐蕃分成各部分加以占有，分别与各派结为施主与福田。"在引用了上述关于旭烈兀封地的材料后，他又说："因为这些地方都属于旭烈兀大王，所以也归入帕竹教派管辖之下。依照此例，止贡派和蔡巴派也得到了相应的权利。"[56]也就是说，他认为先是诸王子在西藏各自取得了一块封地，再选择封地内最有影响的教派作为自己的福田，也就是供奉的上师，该教

---

[54] 丹萨梯寺由帕木竹巴·多吉杰波于1158年兴建，是帕竹噶举派的主寺，在今西藏桑日县境内。

[55] 大司徒绛曲坚赞：《朗氏家族史》，第110-111页。

[56] 阿旺·洛桑嘉措（即五世达赖喇嘛）：《西藏王臣记》，第105页。

派也就依靠这一层关系在该王子的封地内取得了控制权。由于蒙哥汗的分封,在西藏各封地内出现一个占优势的教派,逐渐从政治经济上趋向于集中,例如旭烈兀的封地中,原先有帕竹噶举派、雅桑噶举派、止贡噶举派、宁玛派以及一些地方势力,犬牙交错,旭烈兀供奉帕竹派以后,帕竹派的势力大为增强,雅桑后来虽然也被封为万户,但地位在帕竹万户之下。正因为如此,直到元朝后期帕竹万户绛曲坚赞兴起行将代替萨迦派的地位时,他在计算自己的辖地时仍将原先是否是旭烈兀的封地看作一个重要因素,认为旭烈兀的领地理所当然就是他的管辖范围。应该说,五世达赖喇嘛的这些看法,是符合当时的历史实际的。

蒙哥汗将西藏分封给诸弟后,诸王在自己的封地内按蒙古投下制度委派官员管理,这种官员藏文称为达鲁花赤(dar-ga-che),或意译为yul-srungs(意为"守土官、守护地方官")。《大司徒绛曲坚赞自述》记载:"此后,当蒙哥汗归天之后,薛禅皇帝在位之时,将在西藏的所有守土官撤回,由于薛禅汗与旭烈兀的兄弟关系特别亲密,所以我们(帕竹派)的守土官仍然保留。"[57]也就是说,帕竹派的区域仍然保留为旭烈兀的封地,这种状况一直延续到元末。除设置投下官以外,蒙哥汗还委派重要的西藏地方首领担任万户长,据《汉藏史集》记载,帕竹万户的第一任万户长多吉贝就是在这一时期被京俄·扎巴迥乃派往汉地,得到皇帝形同结成施主与福田关系般的喜爱,于阳木虎年(1254)得到世代管理帕竹万户的诏书和印信,并在这一年修建了雅隆南杰和乃东的万户长官寨。[58]这样,蒙哥汗比阔端更进了一步,在行政管理制度上使西藏与蒙古汗国一致起来。

蒙哥汗在西藏括户之后将其分赐给诸王作为封地,这在当时西藏教派林立、互不统属的情况下,是实现按蒙古汗国的制度统治西

---

[57] 大司徒绛曲坚赞:《朗氏家族史》,第100页。

[58] 达仓宗巴·班觉桑布:《汉藏史集》(第一版),第545页。

藏的最简便易行的办法。它使西藏各教派的宗教领袖,包括一些对蒙古王室仍有疑虑、采取回避态度的宗教领袖,都不得不为自身的存在和发展考虑,进而与蒙古皇室建立起直接的联系。从此以后,西藏无论哪一个教派和地方势力,要想取得优势地位和掌握西藏地方政权,都必须争取中央王朝的支持。这就迫使西藏宗教和政治领袖的主要注意力放到与内地建立密切关系上来,而中央王朝的统治者也需要扶植这些人作为代理人,保证疆土的完整和边疆的安宁。蒙哥汗的作为,实际上是通过分封和结交宗教上层领袖的方式,达到了统一西藏的目的。当代著名藏族学者东嘎·洛桑赤列据此指出:把西藏真正统一到蒙古汗国之中,是蒙哥汗在位时完成的。这一观点确实很有见地。

另一方面,蒙哥汗在西藏实现以分封制度为基础的统一,本身就包含着对西藏教派分立状态的某种承认,但它并没有彻底解决各教派和各地方势力之间的矛盾和斗争,还在其中增加了蒙古皇室成员争夺势力范围的复杂因素。为了发展已有的统一局面和维持西藏的相对稳定,还需要蒙古皇室与西藏宗教领袖进一步密切合作,建立起一套完整的统治机构和组织制度,加强西藏与内地在宗教、经济、文化上的联系。这些工作不久即由忽必烈和八思巴开展起来。

3 与忽必烈的早期交往

相会于六盘山

蒙哥继蒙古大汗位后不久,萨迦班智达和阔端相继在凉州去世。八思巴成为萨迦派的新一任教主,他从萨迦班智达那里继承的是正处在上升阶段且地位优于其他教派的教派。但是,由于窝阔台系的失势及蒙哥汗的上台,蒙古汗国的政治形势发生了重大变化,萨迦派的地位也变得很不稳固,随时有被其他教派取代的可能,这就要求八思巴仔细分析政治形势,努力巩固萨迦派的地位。蒙哥汗命八思巴派僧人随使者到西藏清查户口,八思巴遵命照办,并在给西藏各地领袖的信中再次强调蒙哥汗以萨迦派掌领藏传佛教的政策,要求西藏各地领袖安心对待蒙哥汗的括户调查。萨迦班智达临终时曾嘱咐他回萨迦跟从萨迦派的伍由巴大师受比丘戒,但在写给噶当派高僧涅塘巴・扎巴僧格的信中,八思巴又恳切地希望扎巴僧格来凉州为他授戒,他可能还给其他一些高僧发出了同样的邀请。佛教僧人将受比丘戒视为一生中最重大的事件之一,最看重通过受戒确定的师徒关系。这表明当时八思巴已充分认识到扩大与其他教派高僧联系的重要性,用广请授戒师的办法来弥补他因远离西藏而与各派高僧接触较少的缺陷。总的来说,当时在凉州的八思巴仍是阔端诸子敬奉的上师,但他已在仔细观察形势的变化,思想上有了转向拖雷一系的准备。

蒙哥汗即位后,立即准备对南宋发动新的攻击,他以其弟忽必烈总领漠南军事,领导、管理蒙古、汉地民户,这样黄河流域、西夏故地直至吐蕃地区都尽属忽必烈统辖。宪宗二年(1252)七月,蒙哥汗命忽必烈率西路大军远征大理，绕道至湖北与中路军会合。当时南宋还控制着四川，忽必烈只能穿过甘青、川西藏族地区直捣大理，在此情况下藏族地区的重要性就更加突出了。1252年夏天，忽必烈率大军抵达六盘山、临洮，大约因为即将进入藏族地区，忽必烈派人到凉州召请八思巴来军营以咨询有关情况。《萨迦世系史》记载，八思巴到忽必烈营帐后，忽必烈首先询问的是有关藏族历史、宗教方面的问题，接着就命八思巴派人去藏族地区摊派兵差，征集财物，这显然是为进军做准备。八思巴深知藏族地区人烟稀少，财力有限，不能供应蒙古大军所需，于是一再向忽必烈陈述："吐蕃不过是边远小地方，地狭民贫，请不要摊派兵差。"忽必烈拒绝了八思巴的请求，八思巴心中不悦，对忽必烈说："如此，吐蕃的僧人实无必要在此住坐，请放回家乡。"忽必烈说："那么，可以前去。"在忽必烈与八思巴行将分手之时，军中随行的忽必烈妃子察必（藏文"cha-bu"）出来转圜，认为在知识功德方面，八思巴比忽必烈身边蔡巴噶举派的老僧们更加厉害，应该将八思巴留下继续问法论道。

关于此后的谈话，《萨迦世系史》记载："施主与福田再次讲论，此时八思巴作倨傲之状，汗王说：'你为何如此倨傲，你的祖先有何功业？'八思巴对此答道：'我并没有什么威势，但我先辈曾被汉地、西夏、印度、门地、吐蕃帝王供奉为上师，故威望甚高。'汗王说：'吐蕃地方何时有王，何人尊奉拥戴？这与佛书所说不合，必是虚妄。'八思巴答道：'吐蕃之王曾与汉地交战，吐蕃获胜，收服南赡部洲三分之二；此后汉地与吐蕃联姻，迎来公主与本尊神像等。'他补充说：'此事实有，佛书虽不载，但有文书记载，请查阅即知。'翻检汉地先前的史籍，见上面的记载一如八思巴所言，汗王心喜。其后，八思巴又说：'此外，早先千万年前，南赡部洲曾降七日血雨。'查看汉地史籍，也有记载，汗王更加心生敬信。八思巴又说：'我的父祖之时，西夏之王曾献一锦缎伞盖，可将公鹿从角尖整个罩住。'汗王派人到萨迦去察看,回报真有此物,汗王父子俱生信仰。"[59]

八思巴此时已揣摸到忽必烈要行军通过藏族地区,需要仰仗藏传佛教领袖的心理,他利用在凉州时学到的历史知识,包括对汉文史籍《唐书·吐蕃传》的了解,以及吐蕃、西夏王朝尊信佛教的历史传统来影响忽必烈,使忽必烈从利用藏传佛教转变为崇拜藏传佛教。八思巴巧妙的宗教宣传,很快就对"思大有为于天下"的忽必烈一家产生了作用,使他们认识到要得到佛教徒的拥护,还需要仿照历史上崇佛帝王的先例,与八思巴建立更加密切的关系。先是王妃察必向八思巴请求传授萨迦派的喜金刚灌顶,并将出嫁时父母陪送的耳环上的一粒大珍珠献给八思巴,据说这一粒珍珠价值黄金一大锭、白银千锭。佛教的灌顶主要有传法灌顶和结缘灌顶两种,传法灌顶是"对于如法积行之人,传授密法,使绍阿阇梨职位"之灌顶;结缘灌顶是"唯为使结佛缘,引入一般之人于灌顶坛,使投花而授其本尊之印与真言,无秘法之授受"的灌顶。汉地佛教在唐代也有密宗传承,僧人金刚智在开元年间曾在慈恩寺、荐福寺建大曼荼罗灌顶道场,度于四众,因而死后谥为"灌顶国师"。在吐蕃时期藏传佛教密宗就很兴盛,后弘期各教派也极为重视密宗,所以各种灌顶的传授都很兴盛。八思巴给王妃察必传授的灌顶当属结缘灌顶,即通过传授灌顶使察必有权以喜金刚为本尊神进行修习、念诵密咒、观想等活动。喜金刚又称吉祥饮血金刚、戏乐金刚,是萨迦派最为注重的密宗本尊神之一,传授喜金刚灌顶又使八思巴成为王妃察必在佛教上的老师,建立了师徒关系。

但是,当忽必烈请求八思巴传授喜金刚灌顶时却遇到了困难。八思巴提出灌顶之后忽必烈应遵守法誓,真正以弟子的礼节来尊奉上师,"受灌顶之后,上师坐上座,要以身体礼拜,听从上师言语,不违上师之心愿"。这一条件实质上会导致将佛教的教权置于世俗王权之上,当然使忽必烈感到难以接受。这时,又是王妃察必出来调解:

---

[59] 阿旺贡噶索南:《萨迦世系史》(第一版),第152页。

忽必烈赐给八思巴的白海螺

"听法及人少之时，上师可以坐上座，当王子、驸马、官员、臣民聚会时，恐不能镇伏，由汗王坐上座。吐蕃之事悉听上师之教，不请于上师不下诏命。其余大小事务因上师心慈，如误为他人求情，恐不能镇国，故上师不要讲论及请求。"在这一折中条件下，八思巴于十九岁的阴水牛年（1253）新年时在军中为忽必烈传授了萨迦派的喜金刚灌顶，正式成为当年已三十八岁的忽必烈在宗教上的老师。忽必烈当时只是一个宗王，但是他尊八思巴为上师，并赐羊脂玉印，还奉献黄金及珍珠镶嵌的袈裟、僧衣、金座、伞盖等作为灌顶的供养，足见忽必烈对于他与八思巴的宗教关系的重视。

1253年忽必烈从八思巴接受密宗灌顶一事，对后来元朝的宗教政策及中央王朝对藏族地区实行的政策都有十分重大的影响。忽必烈以八思巴为上师，对八思巴执弟子之礼，可以说是后来元朝皇室崇奉藏传佛教、设立帝师制度的滥觞。而王妃察必所提出的处理皇权与教权关系的原则，后来也都一一付诸实行。《元史·后妃传》记载，察必在忽必烈即位后被册立为皇后。"曩事龙潜之邸，及乘虎变之秋。鄂渚班师,洞识事机之会,上都践祚,居多辅佐之谋。"[60]也就是说,在忽必烈即位前后,察必一直都是忽必烈的重要参谋和助手。从藏文史籍《萨迦世系史》的记载看,察必在忽必烈远征大理一役中随侍军中,而且对忽必烈与八思巴关系的建立和发展起到了举足轻重的作用,是元朝与藏传佛教关系的奠基人之一。

追随忽必烈到汉地

八思巴与忽必烈在六盘山再次会见后,在忽必烈率军从六盘山出发前往云南之时,离开忽必烈的军营又回到凉州,为萨迦班智达的灵塔举行了开光仪式,接着就动身返回西藏,想按萨迦班智达的遗言跟从伍由巴大师等人受比丘戒。当他到达朵甘思(今四川甘孜、西藏昌都)时,从来往各地的客商口中得知伍由巴大师已经去世的消息,于是中途折回,1254年初与奉蒙哥汗之命从云南军中返回的忽必烈会合,一同前往汉地。[61] 这大约就是王磐《拔思发行状》中所说的"癸丑,师年十五(实际上当年八思巴十九岁),世祖皇帝龙德渊潜,师知真命有归,驰驿径诣王府"的真实情形。

八思巴为什么要从回藏途中折回而投奔忽必烈?《萨迦世系史》所说的听到伍由巴大师去世的消息可能只是一个表面上的理由,真正的原因可能是八思巴在朵甘思得到了西藏形势变化的消息,促使他下定决心投奔忽必烈并追随忽必烈到汉地。1254年初蒙哥汗已完成在西藏的清查户口和划分兄弟诸王封地的工作,并委任各地方首领担任万户。由于萨迦派是划给阔端的后裔掌管的,所以在这次权势的重新分配中萨迦派从领先于其他教派的地位上跌落下来,影

---

[60] 《元史》卷一一四。关于察必在忽必烈与阿里不哥争夺汗位中的作用问题,可参见波斯史学家拉施特主编《史集》第二卷《成吉思汗之子拖雷汗之子忽必烈合罕纪》(余大钧、周建奇译)。

[61] 阿旺贡噶索南:《萨迦世系史》(第一版),第168页。

响已不及划给蒙哥汗的止贡派和划给旭烈兀的帕木竹巴派。另外，此时蒙哥汗已召请帕木竹巴派的多吉贝、噶玛噶举派的噶玛拔希到他的宫廷，而萨迦派却没有人接到召请，形势的发展显然会对萨迦派不利。当时萨迦派与止贡派已经开始发生争执，萨迦派派遣后来担任首任本钦的释迦桑布等三人从西藏步行到宫廷，去与止贡派对质。[62]在这种情况下，八思巴如果返回萨迦，难以有所作为，对萨迦派的发展也不会有大的帮助。可能正是考虑到这些因素，八思巴才决然改变计划，重新回到忽必烈的身边，决心利用与忽必烈已建立的关系，等待时机，改变萨迦派面临的被动局面。

班师途中的忽必烈对八思巴远道前来投奔十分欢迎。看来忽必烈并不十分情愿遵守蒙哥汗为他们兄弟在西藏划定的管辖范围，八思巴的前来，使他有可能通过八思巴掌管萨迦派所在的后藏地区，同时也使他感到八思巴代表的西藏佛教势力对他的支持，因此忽必烈立即以宗王的身份颁赐八思巴一份诏书。这是萨迦派从蒙古汗王那里得到的第一份正式诏书，所以萨迦派历代首领对它都十分珍视，一直将它供奉在萨迦寺中（据萨迦寺的僧人说，上个世纪初还能见到这份诏书的原件），许多萨迦派的僧人能流利地背诵这份诏书的全文。这份被称为"札撒博益玛"（vjav-sa-bod-yig-ma，意为"藏文诏书"）的诏书全文如下：

依上师三宝之护佑、天命之主成吉思汗及蒙哥大皇帝之福德，为利益佛法，忽必烈诏曰：善逝佛陀释迦牟尼具有不可夺移之智慧及无边慈悲，其福德智慧具足犹如满月，犹如日光破除无明黑暗，犹如兽王狮子战胜邪魔外道。对其功德、圣业、教法，吾与察必可敦已生起信仰，此前已任教法及僧伽之主。现今，复由法主萨迦巴及上师八思巴处获得信仰，皈依佛法，于阴水牛年[63]接受灌顶，听受甚多教法，更以

---

[62] 达仓宗巴·班觉桑布：《汉藏史集》（第一版），第404页。

[63] 此阴水牛年为藏历第四饶迥阴水牛年，即1253年。

为当任教法及僧伽之施主。故此,特赐给上师八思巴此项褒护藏地方三宝之所依处及僧伽不受侵害之诏书,作为对教法的奉献。此外,前已赐给上师黄金及珍珠镶嵌之袈裟、诸宝装饰之佛塔、衣衫、僧帽、靴子、坐垫等,器具有黄金伞盖、金座、金杵、银爵、珍宝镶嵌刀柄之宝刀等,还有黄金一大锭、银四大锭、乘驼、骡子,俱带黄金鞍鞯缰绳等。在此虎年[64]又赐白银五十六大锭、茶叶二百包,锦缎一百一十四。总之,诏书及器物俱已作为对教法的供养而奉献。汝藏地之众僧当知此情,不然如何遵奉圣旨。汝僧人们不可争官位,官多了啊不好,亦不可因有了圣旨欺凌他人。汝僧人们兵差里征伐里不去,当依释迦牟尼之法规,懂得经典的讲,不懂的听,于问法、学经、修行等勤奋着,敬奉上天,为吾祈祷。或有谓:不必学经,修持即可。如不学经啊如何修持,懂得教法方可修持也。诸老僧当以言语为青年僧人讲经,青年僧人当听老僧之言语。汝僧人们已免兵差税役,岂有不知此乃上师三宝之恩德者乎?若汝等不照释迦牟尼之法规行事,蒙古诸人岂不怀疑释迦牟尼之法、治罪于汝等乎?汝等不可以为蒙古之人不察此情,一次两次或有不察,久后必知之。汝僧人们不可行恶行,不可使吾在众人面前丢脸。汝等当依教法而行,为吾告天祝祷,汝等之施主由吾任之。[65]

忽必烈赐给八思巴的这份诏书,完全符合他们当时的身份。首先,忽必烈指出这是依靠成吉思汗和蒙哥汗的福德而由他发布的诏布,这符合当时蒙古宗王发布文书的习惯。接着忽必烈叙述他与察必通过八思巴而皈依佛法接受灌顶的经过,指出这份诏书是为了保护藏地方(指以今天的日喀则为主的后藏地区)的寺院和僧人而发布的,这一地区当时基本上是萨迦派影响所及的地区。诏书的后半部分对西藏佛教僧人提出劝告,要求他们遵照佛教的规矩问法、学经、修行。因此它主要是向后藏僧人宣告忽必烈与八思巴结成的

---

[64] 此虎年为藏历第四饶迥阳木虎年,即 1254 年。

[65] 阿旺贡噶索南:《萨迦世系史》(第一版),第 165-166 页。

宗教上师与施主的关系，宣告忽必烈承担起以八思巴为首的萨迦派的施主和保护者的职责，这一宣告对当时处境困难的萨迦派和八思巴无疑具有重要意义。

八思巴非常看重这份诏书，据《萨迦世系史》的录文，八思巴在诏书前面写了两大段赞颂诗，前段赞颂佛祖释迦牟尼和师尊萨迦班智达，后段赞颂成吉思汗、窝阔台、拖雷、蒙哥汗，这本来应是赞颂从成吉思汗到蒙哥的历代蒙古大汗，但是从中去掉贵由汗而加入拖雷，正符合蒙哥汗即位之后蒙古朝野对贵由汗的态度。这段赞颂蒙古诸汗的颂诗全文如下：

由于先世所积的无数福德，家族及本身都富贵而完满，
由天神之主来作人间之王，成吉思皇帝于众生犹如太阳！
此人主的具足所有福业之子，被贵人们当作顶宝一样尊崇，
善待众生使其能继绝存亡，大地之主因此能战胜各方（指窝阔台）。
其弟具有福德如慈悲心肠，敬奉皇帝使骨肉和谐欢畅，
用诸种方法利益其他众生，此大智慧者为众人之圣贤（指拖雷）。
其长子更具有福德和威严，具大慈悲对他人和母亲爱子，
事业自成受海内百姓所拥戴，蒙哥皇帝是全世界吉祥之光。

在诏书的后面，八思巴还写了一段赞颂忽必烈和察必的颂诗，称颂忽必烈、察必和他们的诸子"实是富贵及佛意的化现"，忽必烈"为使佛教教法得弘扬，为使执教僧众无惊惧，又颁恩德至大的诏书，似此福德世上无匹敌"，因此八思巴"祈愿蒙哥皇帝、人主忽必烈，以及皇子后妃无病享长寿。祝祷国土安泰僧众和睦，佛陀的教法遍弘于十方"！在最后的题记中，八思巴写明这些赞颂诗写于阳木虎年（1254）五月九日。

忽必烈从1251年受命总领漠南汉地军民事、开藩府于金莲川以来，在身边招揽了一批儒士，著名的有刘秉忠、姚枢、许衡、郝经、廉希宪以及后来写《拔思发行状》的王磐等人，在自己管辖的

区域内施行汉法,成为蒙古皇室中愿意接受汉地传统思想文化的代表人物。在忽必烈的王廷中,采用了一些汉地宫廷的礼仪,其中一项即在农历正月初一接受臣下的朝贺。八思巴既入忽必烈的藩府,自然也受到这种习俗的影响,也在新年时写祝辞向忽必烈一家祝贺新年。这后来成为一种定例,不论八思巴是在忽必烈的宫廷还是在西藏,或者是在往返于汉地和西藏之间的路途中,都要计算好时间,在年前写好新年吉祥祝辞,保证在正月初一送到忽必烈的驾前。八思巴所写的新年吉祥祝辞,在形式上类似于儒臣们所写的《贺正旦表》,在内容上则是佛教的祈愿文,祈愿佛法僧三宝护佑平安吉祥,护佑忽必烈一家福德圆满,康健长寿。八思巴历年向忽必烈呈献的新年吉祥祝辞,后来都收入《萨迦五祖全集》,此书于1736年由四川德格印经院刻版刊印。八思巴新年吉祥祝辞在第十五函中,共计二十四篇,始于1255年,止于八思巴去世的1280年,除1259年和1260年因忽必烈受蒙哥汗之命率东路大军伐宋,故不见八思巴的吉祥祝辞外,其余年份八思巴都写了献给忽必烈的新年吉祥祝辞。八思巴的这些祝辞全是诗体,词句华丽、流畅,虽然有许多佛教的术语,但是并不显得艰涩呆板,仍不失为藏族古代诗歌中的佳品。从内容上看,这些流传至今的八思巴的新年吉祥祝辞反映了八思巴与忽必烈的亲密关系。由于绝大多数祝辞末尾记有写作的时间和地点,所以也成为研究八思巴一生活动的最确切可靠的珍贵资料。其中,1255年(木兔年)新年时八思巴写给忽必烈的新年吉祥祝辞如下:

祝愿吉祥!
顶礼文殊菩萨!
顶礼福德遍照三界、慈悲遍通一切、无上救护世间之佛陀!
为成就圆满祖业及解脱、利乐根本之尊胜人主体坚长寿之故,谨献此吉祥祝辞。

祈愿你这权势如大海、如须弥山、如日月珍宝之神中之神健康长寿，所愿俱得成就！你心地洁净，所行功业广大，祈愿你在此成为众生依止处之大地上胜于各方！你之福德深广无量，具足各种珍贵功德，祈愿你在智慧龙王所依止之吉祥大海中胜于各方！你出身家族洁净高贵，财富受用等同如意宝树，祈愿你在尊胜众神所依止之须弥山胜于各方！由自在威赫之坛城，放射出炽热之光辉，摧毁来犯之黑暗敌众，祈愿你像太阳照临各方！由慈悲光明之坛城，放射出利乐之银辉，消除匮乏的煎逼，祈愿你像月亮照临各方！祈愿福德大海中所生出的美妙悦目之佛像，如产生一切利乐之如意宝胜于各方！祈愿佛陀、佛法及佛子战胜诸种魔敌，以护佑世间之法力，使得以上祈愿实现！为皇子胜于各方之故，持守清净戒律、智慧无畏之说法僧八思巴撰此祝辞。

为皇子菩萨忽必烈平安吉祥之故，写于阴木兔年（1255）新年之时。[66]

八思巴与忽必烈的关系日益密切，是由多种因素促成的。八思巴年青聪明，勤恳好学，谦逊平和，学识渊博，是忽必烈喜爱他的重要原因，另外，八思巴善于传教，不拘泥于佛教经典中的条文，巧妙地将忽必烈一家与佛教连在一起，以佛教的形式道出忽必烈内心的愿望，也是忽必烈很快就将他奉为精神上的导师的决定因素。忽必烈从云南带回了一枚佛牙舍利，八思巴在军中得见十分欣喜，写了一篇《释迦法王功德赞颂及祈愿文》，除了表达自己对释迦牟尼的虔敬心情之外，还写道："具有福德力的大慈悲，因忽必烈虔信之法力，为调伏众生降临世间，我向这佛牙舍利顶礼！像太阳照亮东方胜身洲，又将南赡部洲全部照亮，佛牙舍利从云南来此方，我向这众生明灯顶礼！""为了当今众生幸福康乐，为了当今佛法根

---

[66]《萨迦五祖全集》（德格木刻版）第十五函，第389页。

基牢固,愿蒙哥皇帝人主忽必烈,及其兄弟子侄各位亲属,健康长寿权势日益增长,接受佛陀你的教法甘露,成为奠奉佛法的大圣贤,依照佛法护持整个世界!""近前祈愿人主忽必烈,及其诸子王妃无病长寿,弘扬善逝佛陀之教法,以慈悲之心护持众生!"[67] 由这一事例可以看出,当时八思巴向忽必烈宣传佛教主要不是依靠奇异的幻术秘法,也不是依靠大规模的宗教仪式,他主要是善于利用各种时机向忽必烈灌输佛教的观念,将佛教"慈悲护持众生"的思想与忽必烈的"思大有为于天下"的思想结合起来,使忽必烈相信君王要治平天下必须争取佛教的护佑,因而受到忽必烈一家的敬重。

宪宗五年,八思巴已二十一岁,到了受比丘戒的年龄,八思巴专门从西藏各地邀请了涅塘巴•扎巴僧格、恰巴•却吉僧格、藏纳巴•尊追僧格、楚•宣努僧格、堪布扎巴僧格、羌塘巴•觉东索南坚赞等著名高僧来为他传授比丘戒。五月十一日,专程到河州(今甘肃省临夏回族自治州临夏市)受戒的八思巴从诸位高僧那里接受了比丘戒,成为一名具足资格的比丘。[68] 受戒之后,八思巴又返回忽必烈暂住的忒刺地方。

大约正是在这一时期,藏传佛教噶玛噶举派的教主噶玛拔希也来到忽必烈的营地。[69] 噶玛拔希1204年生于康区哲垅(估计在金沙江沿岸)的哉波务家族,幼年时跟从噶玛噶举派创始人都松钦巴的再传弟子崩扎巴出家。据说,由于他神通广大,渐渐有了名气,因而被认为是都松钦巴的转世,被迎入拉萨西北的噶玛噶举派的主寺楚布寺继承都松钦巴的地位,这是藏传佛教史上采用活佛转世制度来解决宗教领袖人物继承问题最早的一例,所以噶玛拔希在当时也

---

[67] 《萨迦五祖全集》(德格木刻版)第十五函,第107-109页。

[68] 达仓宗巴•班觉桑布:《汉藏史集》(第一版),第326页。

[69] 据《贤者喜宴》记载,噶玛拔希与忽必烈(时年五十二岁)的会见是在阴木兔年(1255),在忽必烈远征大理后北返的途中相会于嘉绒的色尔多。

是藏传佛教界一个有重大影响的人物。噶玛拔希到达忽必烈的营帐后，也备受忽必烈尊崇，以至于一度影响到八思巴在忽必烈身边的地位。《萨迦世系史》记载，由于噶玛拔希显示了无数神通，所以忽必烈的王妃和大臣都前去围观，并议论说从眼前的神通法力来看，似乎噶玛拔希要超出八思巴。虔信萨迦派的王妃察必见到这一情形，对八思巴讲了大臣们的议论，请求八思巴显示神通，并说如果八思巴不显示神通，恐怕忽必烈不仅不满意，还有改变心意转而尊奉噶玛拔希为上师的可能。在这种情况下，八思巴只得向忽必烈及其王妃、大臣显示了刀截自己的四肢的神通以证明其受五部佛护佑，于是忽必烈等都相信没有任何人的断证功德能够超过八思巴。[70] 噶举派人士所著的《红史》《贤者喜宴》则称，噶玛拔希与忽必烈会见后，忽必烈要他随侍左右，他不愿意，最终离开忽必烈到凉州、甘州一带建寺传教。1256年当噶玛拔希准备返回西藏时，蒙哥汗派人前来召请

楚布寺位于西藏拉萨以西60公里的堆龙德庆县，该寺是噶玛噶举派的主寺。

---

[70] 阿旺贡噶索南：《萨迦世系史》（第一版），第158页。

他，当年五月，他抵达昔刺
兀鲁朵诸王会聚之所，与
正在该地与诸王商议攻宋
事宜的蒙哥汗、阿里不哥
会见。噶玛拔希使蒙哥汗
君臣皈依了佛教，每月守
护分别解脱三时戒律，并
下令在每月的四个吉辰日
内任何人不得欺凌别人，
不杀生吃肉，不危害众僧，
使其护持各自的教法。[71]
相传蒙哥汗还赐给噶玛拔
希一顶金边黑色僧帽及一
枚金印，因此噶玛拔希这
一活佛系统被称为噶玛噶
举黑帽系。无论实际情形
如何，当时噶玛拔希确实

噶玛噶举派祖师噶玛拔希像

曾像一颗巨星从八思巴和忽必烈的身边擦过，差一点使八思巴与忽
必烈的关系走上另一条轨道。由于噶玛拔希选择了蒙哥汗为依靠，
才使八思巴与忽必烈的关系得以继续发展。

巡礼五台山

忽必烈从出征大理军中北返后，居住在桓州与抚州之间的金莲
川草地，保持着蒙古人帐居野处、冬夏迁徙的生活习惯。宪宗六年

---

[71] 关于噶玛拔希与忽必烈、蒙哥汗、阿里不哥的关系，一些藏文史籍中
也有记载：蔡巴•贡噶多吉：《红史》（第一版），第91页；巴俄•祖
拉陈瓦：《贤者喜宴》（第一版，下册），第889-891页。

（1256）三月，忽必烈命汉僧子聪（即刘秉忠）[72]卜地于桓州以东、滦水以北的龙岗，营建宫城，三年而成，定名为开平府（在今内蒙古自治区正蓝旗东50里）。

关于这一时期八思巴的活动，藏、汉文史料缺少记载，从《萨迦五祖全集》八思巴著作的题记中知道，他于宪宗六年十月在五台山附近的抚州写了一篇《十三尊红阎摩敌修行法》，可以看出他当时确实是在忽必烈的营帐之中。

由于忽必烈在总领漠南汉地军民事务中逐步信任、起用汉人儒士，参用汉法，学习汉地文化，引起一部分蒙古守旧贵族的不满和嫉恨，加上蒙古王室内部的权势斗争，"自谓遵祖宗之法，不蹈袭他国所为"的蒙哥汗对忽必烈产生了猜忌。宪宗六年（1256），在蒙古诸王大会上，蒙哥汗决定大举亲征南宋。他命幼弟阿里不哥辅助自己的儿子玉龙答失留守漠北，自己率军分路南下。对从云南返回后被解除了军权的忽必烈，则以其有足疾为由，令其留住桓、抚之间休养。宪宗七年，蒙哥汗从漠北南下，经河西到达六盘山，以诸王府臣属多有擅权为奸贪利之事为名，派遣亲信阿兰答儿、刘太平等人清理陕西、河南等处钱谷，在忽必烈的封地关中设局，进行钩考，对忽必烈设置的官府机构和官员一一审查，罗列罪名。在蒙哥汗的"先除羽翼、后治魁首"的策略面前，忽必烈忧惧非常，坐卧不安。他除了听从谋士姚枢的建议偕全家前往河西亲见蒙哥汗，以求消除蒙哥汗的疑心之外，也想到了祈求佛的护佑。该年二月，八思巴在忽必烈营帐中写了《不动佛烧施仪轨》，三月又写了《五

---

[72] 刘秉忠(1216—1274)，元邢州（今河北邢台）人，初名刘侃，字仲晦，年十七为节度使府令史。后出家为僧，法名子聪。1242年，他受到北方禅宗临济宗领袖海云的赏识，被推荐入忽必烈幕府，备受信任。子聪博学多能，善于出谋划策，深受忽必烈重视。1253年，从忽必烈出征云南。1260年，忽必烈称帝，命子聪制定各项制度。1264年，忽必烈命子聪还俗，复刘氏姓，赐名秉忠，授太保、参领中书省事、同知枢密院事。至元三年，主持设计大都城。至元八年，刘秉忠建议大元为国号。

天女赞颂》。烧施，亦译火祭或护摩，为佛教密宗焚烧柏枝、酥油、粮食、花果祭神以息灾求福的一种宗教活动，在藏传佛教各派及藏族民间都很盛行。五天女也是西藏崇信的护佑人间的女神，向她们祈祷被认为是去除灾难的最有效的方法。因此，八思巴的这两篇文章当与忽必烈营帐中举行祈福法事有关。

抚州在今山西省北部，靠近中国佛教四大名山之一的五台山。五台山相传是文殊菩萨显灵说法的道场，在北魏时就建有佛寺，唐代以佛寺众多闻名于东亚。据《新唐书》记载，吐蕃王朝曾遣使向唐朝求五台山图。藏文古籍《拔协》记载，在西藏第一座正规佛寺桑耶寺兴建之前，吐蕃使者巴·色朗等人就到过五台山。可见西藏佛教界从一开始就十分重视五台山。萨迦派以文殊菩萨为主要尊奉的神祇之一，因此萨迦班智达到凉州后就对五台山十分向往，可能去过贺兰山中西夏的五台山。可能是出于宗教上的倾慕，也可能是为了给忽必烈祈福消灾，宪宗七年五月到七月，八思巴在抚州时，在忽必烈的支持下前往五台山朝拜巡礼。五月十七日，八思巴在五台山写《文殊菩萨名号赞》，又在朝拜五台山各山峰时写了《文殊菩萨坚固法轮赞》。七月八日，八思巴又在五台山写了《赞颂文殊菩萨——花朵之鬘》，题记中说："依忽必烈大王福德之力，讲经僧人八思巴前来五台山向文殊菩萨祈愿时，释迦牟尼显示多种神变，因而增益赞颂之心愿，为使解脱之法幢矗立并护佑众生之故，阴火蛇年七月八日于五台山写成此《赞颂文殊菩萨——花朵之鬘》。"[73]同月二十一日，八思巴又写了《在五台山赞颂文殊菩萨——珍宝之鬘》，他在诗中赞颂道：

如须弥山王的五台山，基座像黄金大地牢固，
五峰突兀精心安排：
中台如雄狮发怒逞威，山崖像白莲一般洁白；

---

[73]《萨迦五祖全集》（德格木刻版）第十五函，第111页。

相传，五台山是文殊菩萨显灵说法的道场。

东台如同象王的顶髻，草木像苍穹一样深邃；
南台如同骏马卧原野，金色花朵放射出异彩；
西台如孔雀翩翩起舞，向大地闪耀月莲之光；
北台如大鹏展开双翼，满布绿玉一般的大树。

五台山东西长约90公里，南北宽约60公里，其中的"五台"所指古今不尽相同。通常所说的"五台"是指：中台翠若峰，海拔2894米，因其巅峦雄旷、翠霭浮空而得名；东台望海峰，海拔2795米，因其东望明霞、云海翻腾而得名；南台锦绣峰，海拔2485米，因其"山峰耸峭，烟光凝翠，细草杂花，千峦弥布，犹铺锦然"而得名；西台名挂月峰，海拔2773米，因明月西沉时坠于其巅，远望有如悬镜而得名；北台名叶斗峰，海拔3058米，因"其下仰视，巅摩斗枓"而得名。这都是依据山势风光而言的。汉地的文人墨客游五台山所作的题咏，也多是有感于五台山的自然景物而发，间或有采佛家传说典故入诗词者，并不纯粹从佛教的角度来歌咏五台山。如宋朝人张商英[74]有《游五台山诗》，分别写东台、南台、西台、北台、中台，然后总咏五台。其咏西台诗：

宝台高峻近穹苍，狮子遗踪八水旁。
五色云中游上界，九重天外看西方。
三时雨洒龙宫冷，一夜风飘月桂香。
土石尚能消罪障，何劳菩萨放神光？

其咏中台诗：

中台岌岌最堪观，四面林峰拥翠峦。
万壑松声心地响，数条山色骨毛寒。
重重燕水东南阔，漠漠黄沙西北宽。

---

[74] 张商英（1043—1121），四川新津县人。

总信文殊归向者，大家高步白云端。

金代著名诗人元好问[75]也有《台山杂咏》十六首。在1255年，即八思巴朝礼五台山的前两年，他曾游五台山，所见到的是：

山云吞吐翠微中，淡绿深青一万重，
此景只应天上有，岂知身在妙高峰。
咄嗟檀施满金田，远客游台动数千。
大地嗷嗷困炎暑，山中多少地行仙。
沉沉龙穴贮云烟，百草千花雨露偏。
佛土休将人境比，谁家随步得金莲。

八思巴作为西藏佛教界的一位领袖，其眼光自然与张商英、元好问等文人截然不同。他根据文殊菩萨显灵说法、诸佛下降演教的传说，以彻底的佛教密宗观点，将五台山的五台看作是密法金刚界五部佛的佛座。按佛教密宗的说法，五部佛中的大日如来佛（亦称"毗卢遮那"）坐狮子座，即八思巴赞颂的中台，阿閦佛坐象座，即八思巴赞颂的东台，宝生佛坐马座，即八思巴赞颂的南台，阿弥陀佛坐孔雀座，即八思巴赞颂的西台，不空成就佛坐迦楼罗（大鹏）座，即八思巴赞颂的北台。由此，八思巴进一步赞颂道：

为救护愚痴所苦之众生，大圆镜智之主大日如来，
在中台示现佛部部主身，向你救护色蕴之尊顶礼！
为救护嗔恚所苦之众生，法界体性智之主阿閦佛，
在东台示现金刚部主身，向你救护识蕴之尊顶礼！

---

[75] 元好问（1190—1257），太原秀容（今山西忻州）人，金末元初文学家、历史学家，是宋金对峙时期北方文学的主要代表，又是金元之际在文学上承前启后的桥梁，被称为"北方文雄""一代文宗"，其诗、文、词、曲，各体皆工。晚年曾到忽必烈幕府觐见，请求忽必烈任用儒士。八思巴和元好问在忽必烈的幕府中是否见过面，难以确定。

为救护悭吝所缚之众生，平等性智之主尊宝生佛，
在南台示现宝生部主身，向你救护受蕴之尊顶礼！
为救护贪欲所苦之众生，妙观察智之主阿弥陀佛，
在西台示现莲花部主身，向你救护想蕴之尊顶礼！
为救护嫉妒所苦之众生，成所作智之主不空成就，
在北台示现羯磨部主身，向你救护行蕴之尊顶礼！[76]

由于八思巴完全是从佛教密宗的观点出发来赞颂五台山的，因此他的这几篇赞颂五台山之作在汉地的文人学士中知之者甚少，但正是这一缘故，加上八思巴的佛教地位和影响，八思巴对五台山的赞颂在西藏佛教界影响巨大。八思巴到五台山巡礼后，元、明、清三朝藏族僧人都把五台山当作自己向往的圣地之一，并有许多藏族僧人在五台山常住。藏族高僧胆巴由八思巴引荐谒见忽必烈之后，即受命住持五台山寿宁寺。八思巴的弟子、元朝的第四任帝师意希仁钦（1249—1295，《元史·释老传》亦作摄思连真，1286—1295年任帝师）即逝于五台山。元、明、清三朝的皇室都曾在五台山营建寺院，帝后、大臣到五台山礼佛供僧也屡见记载，到汉地朝觐传教的藏族高僧也以至五台山为荣。五台山成为沟通藏、蒙古、汉、满等族宗教和文化联系的一座重要桥梁，对此八思巴是有过重要贡献的。

参加释道辩论

蒙古皇室从成吉思汗时代开始就对所接触到的各种宗教采取兼容并蓄的办法，让各教人士都为蒙古皇室祝祷祈福，特别是对在汉地影响巨大的佛、道两教，基本上是同样对待。成吉思汗远征西域时，召长春真人丘处机赴西域觐见，同时又传诏命僧人海云及其师中观禅师统领汉地僧人。蒙哥汗即位后，"以僧海云掌释教事，

---

[76]《萨迦五祖全集》（德格木刻版）第十五函，第113-119页。

以道士李真常掌道教事"。其间，由于社会动荡、战乱频繁，佛道两教都在黄河北部地区迅速发展。两教为了自身的经济利益和在蒙古皇室争得独宠而互相攻讦，互不相让。道教方面广泛印行《老子化胡经》，以图证明道教高于佛教，并仗势改佛寺为道观。1258年初，忽必烈受蒙哥汗之命在开平府宫中大阁之下主持释道两教辩论《老子化胡经》的真伪。当时掌管佛教的海云已逝，蒙哥汗又尊克什米尔僧人那摩为国师，授玉印，总领天下释教。[77] 所以当时佛教方面参加辩论的以那摩为首，另有八思巴、西蕃国师、河西国师、外五路僧、大理国僧、汉地中都圆福寺超长者、奉福寺享长老等，共计三百余人。道教方面参加的有张真人、道录樊志应、通判魏志阳、讲师周志立等二百余人。另外，还有忽必烈手下的主要谋士姚枢、窦汉卿、廉希宪等人担任证义，即辩论的见证人。

据说忽必烈在辩论开始之时曾宣布，按照印度宗教辩论的习惯，辩论失败的一方要向获胜的一方奉献花环，并接受对方的教法。从这一规定看，忽必烈可能受到佛教僧人的影响，从开始就具有一定的倾向性。

据记载这次辩论情形的《至元辨伪录》，实际进行辩论的是以少林寺长老为首的和尚和以张真人为首的道士。从道教失败后有十七人被迫削发为僧看，代表双方辩论的可能各十七人。八思巴在辩论初期并未发言，但是当道士提出《史记》作为《老子化胡经》的根据时，八思巴辩道："帝师辩的达拔合思八曰：'此谓何书？'曰：'前代帝王之书。'上曰：'今持论教法，何用攀援前代帝王。'帝师曰：'我天竺亦有史记，汝闻之乎？'对曰：'未也。'帝师曰：'我为汝说，天竺频婆娑罗王赞佛功德，有曰：天上天下无如佛，十方世界亦无比，世间所有我尽见，一切无有如佛者。当其说是语时，老子安在？'道不能对。"八思巴显示了渊博的学识和应辩的才能。八思巴紧接着抓住道士自相矛盾之处，对道士反驳道："帝师又问：'汝史记有

---

[77]《元史》卷一二五《铁哥传》。

化胡之说否？'曰：'无。'曰：'然则老子所传何经？'曰：'道德经。'曰：'此外更有何经？'曰：'无。'帝师曰：'道德经中有化胡事否？'曰：'无。'帝师曰：'史记中既无，道德经又不载，其为伪妄明矣。'道者辞屈。尚书姚枢曰：'道者负矣。'上命如约行罚，遣使臣脱欢将道者樊志应等十有七人诣龙光寺削发为僧，焚伪经四十五部，天下佛寺为道流所据者二百三十七区，至是悉命归之。"

佛教历来重视逻辑推理和辩论，藏传佛教尤其注重培养僧人的辩才，主张通过辩论理解佛教深奥的教义，破除各种邪见。因此，藏族的高僧又往往是出色的雄辩家。八思巴在释道辩论中崭露头角，正是他在长期的学经生活中反复锻炼的结果。由于这次辩论对扩大八思巴在汉地佛教界的影响有重大意义，所以萨迦派的史籍中也提到这次辩论："当八思巴在王宫中传法时，有信奉太上老君的道士多人，执着邪见，对自身及他人俱有妨害。遵照皇帝的命令，八思巴与十七名长期修道、精通道教的道士辩论，驳倒了他们，使他们削发为僧，接受了正见。"[78] 八思巴本人对这次宗教辩论的胜利也很重视，在命十七名道士出家为僧之时写了一篇《调伏道教大师记》，其文如下：

祈愿吉祥！

向上师及文殊菩萨顶礼！向以狮子吼声摧破执有无等一切恶见之正觉佛陀顶礼！

当具足福德利乐及大智慧之人主颁布诏命，使讲论清净教法之箭装上正理金刚之尖利箭镞由善辩勇士从天界射出之时，那些致力于仙人之道、具有预知未来的慧眼和神幻之力但受俗世习气熏染而贪恋尘世、难入解脱正道、追随太上老君、虽然精习自己的教法但自吹自擂近于疯癫的道士们，铁石般顽固的心肠也被染上清净佛法的金粉，勤守佛陀的禁戒和佛法的律仪，使大德们时常欢喜。祈愿由此善业，

---

[78] 阿旺贡噶索南：《萨迦世系史》（第一版），第173页。

使世间众生不再追求虚空神仙而入于佛教正法！如是，以前在汉地出生之太上老君，据说在母胎中住了八十二年，出生后性喜寂静，努力修定，获得预知世间及神幻等成就，并使其弟子们亦入于此道。其教法与外道数论师的教法相同，信奉其教的被称为神仙的道士们为数甚多。因见其教法危害善逝佛陀之教法，遵人主忽必烈破斥此邪门外道之命，八思巴于阳土马年（1258）仲夏五月二十三日以清净正见驳倒长期修炼神仙之法、精通其术之道士一十七名，使其出家为僧时，特记于此。[79]

从这篇文章看，八思巴是把道教当作佛教以外的一种宗教来看待的，从佛教徒的立场出发，他认为道士们的教法是一种邪见，但是承认太上老君确实获得过神通。通过在汉地的活动和参加释道辩论，八思巴对汉地佛教、道教的情形有了进一步了解，为此后担任国师、领总制院事、掌管全国佛教事务准备了条件。

---

[79]《萨迦五祖全集》（德格木刻版）第十五函，第319页。

4 担当重任——在大都的生活

受封为国师

元宪宗八年（1258）八月，蒙哥汗亲率大军分路南下，进攻南宋。蒙哥汗自领西路军，由陕西入四川，东路则委派左翼诸王塔察儿率领，出荆襄向湖南，并命在云南的兀良合台军东击湖南，准备会师长沙。此次蒙古军大举出动，进展却很不顺利。四川地区河流纵横，多山谷险阻，不利于蒙古骑兵的快速推进。到十一月时，蒙哥汗渡嘉陵江进据青居山，东路塔察儿军遇南宋军民顽强抵抗，无功而返，使蒙哥汗大为震怒，恰逢被解除军权的忽必烈遣使要求允许他从征，于是蒙哥汗起用忽必烈率东路军渡淮河攻打鄂州。宪宗九年初，蒙哥汗进逼合州城下，久攻不克，于七月病死军中。此时忽必烈军已进抵鄂州长江北岸，听到蒙哥汗的死讯后，他仍挥军渡江，进围鄂州，接应从云南前来的兀良合台军。此时南宋各路援军汇集鄂州，城守益坚，忽必烈又得到察必王妃传来的消息，说留守漠北和林的幼弟阿里不哥准备召集王公大会，夺取蒙古大汗位。于是忽必烈与南宋丞相贾似道匆忙约和，渡江北返，于十一月底到达中都（后改称"大都"，即今北京）。

此次忽必烈南征，其家眷及八思巴都未随行。从八思巴的著作题记看，宪宗九年五月二十三日他在王子答剌麻八剌营帐中写成《密宗行部所说无量寿佛修行法》，七月，王子答剌麻八剌病，八思巴为其作法事禳灾，并写有祈愿文。按《元史》记载，忽必烈诸子中无名叫答剌麻八剌者，只有忽必烈第二子真金的次子名答剌麻八剌，但《元史》记载他是至元初真金受封为燕王时出生的，与此年代不合。不知是《元史》误记答剌麻八剌的生年还是忽必烈另有一子名叫答剌麻八剌，尚待考定。大约与忽必烈返抵中都同时，八思巴也与忽必烈的眷属一起抵达中都。八思巴文集中《赞颂之海——诗词宝饰》一篇的题记中记载："说法比丘洛追坚赞贝桑布（八思巴的名字）阴土羊年（1259）冬十一月于汉地无数帝王出世之地、为众多吉祥之相严饰之中都大城写就。"[80]另有《为大乘经藏开光而作》一文记为"洛追坚赞贝桑布阳铁猴年（1260）春正月二十一日写于汉地中都城。"[81]由此可证明，当忽必烈紧张地准备即位登基，与阿里不哥展开汗位斗争的关键时刻，八思巴到了中都，是与忽必烈在一起的，是忽必烈的支持者之一。金中都在元代改为元大都，即今天的北京，可以说八思巴是首位踏足北京的藏传佛教僧人。

中统元年三月，忽必烈召集支持自己的蒙古宗王在开平府举行忽里台大会，通过例行的选举仪式，宣布即蒙古大汗位，建年号为"中统"。五月，阿里不哥另召集一批亲附于自己的宗王在阿勒台的驻夏之所举行大会，也宣布即蒙古大汗位，随即率漠北蒙古军分路南下，与忽必烈争位。忽必烈依靠汉地雄厚的人力和物力，几次亲征，击败了阿里不哥军。1264年阿里不哥归降忽必烈，忽必烈坐稳了大汗宝座。

中统元年十二月，忽必烈在初步战胜阿里不哥之后返回中都，立即任命八思巴为国师，授以玉印，令其统领释教。《元史·世祖本纪》记载："（中统）元年十二月丙申，帝至自和林，驻跸燕京近郊。始制祭享太庙祭器、法服。以梵僧八合思八为帝师，授以玉印，统释教。"此处的"帝师"，应是"国师"之误。忽必烈封八思巴为国师，统领佛教，即将八思巴提升到全国佛教领袖的地位。八思巴1253年投奔忽必烈，八年间始终未离开忽必烈，其身份是忽必烈一家宗教上的导师，类似于幕府中的幕僚，至此才有了正式的名分。

---

[80] 《萨迦五祖全集》（德格木刻版）第十五函，第101-107页。

[81] 同上书，第154页。

国师的称号在印度和西域很早就开始采用，汉地在南北朝时期也出现了国师的名号，此后唐、宋、辽、金都有僧人被授以国师的称号，《大金国志》卷三十六《浮图》条称："国师，在京之老宿也，威仪如王者师，国主有时而拜，服正红袈裟，升堂问话讲经，与南朝等。"西夏也十分崇信佛教，被尊为国师的僧人为数不少，后来还出现了帝师的职位，这些国师、帝师中也有一些藏族僧人。蒙哥汗在位时曾先后以海云、那摩为国师。所以忽必烈封八思巴为国师，并非新创，只不过是继承了历史上的传统做法。不过在至元初忽必烈在中央朝廷设立了一个机构总制院，并将总制院置于国师之下，使国师有了具体管辖的机构，同时又把藏族地区交给总制院管辖，使国师兼有政教两方面的权力，从八思巴开始的元代国师有了比先前各任国师更大的影响和权力。

八思巴之所以被尊奉为国师，原因是多方面的。蒙古皇室需要一种宗教信仰，需要一位宗教领袖作自己的精神支柱，萨迦派和八思巴本人与蒙古皇室长期的密切交往是重要的基础，八思巴本人的学识、才干、品德也是重要的条件。另外，还有机遇的因素。海云、那摩都曾处于比八思巴有利的地位，特别是那摩，既受蒙哥汗尊崇，又曾在蒙哥汗与忽必烈关系紧张时设法调停，因而与忽必烈也有很深的交往，但是他们都先于八思巴逝世，为八思巴的出场让出了舞台。在到蒙古宫廷中寻求发展机会的藏传佛教领袖中，噶玛拔希曾是八思巴首要的竞争对手，但是噶玛拔希去了漠北，在忽必烈与阿里不哥的斗争中站到了阿里不哥的一边，因而受到忽必烈的惩罚。可以说，是错综复杂的历史造成了八思巴的国师地位。

作为国师，八思巴首要的任务是为皇帝、后妃、宗王、皇子们传法授戒，传授灌顶。在忽必烈和八思巴的影响下，宫廷的生活逐渐充盈佛教的内容。《佛祖历代通载》卷三十五记载："帝诏十高僧内殿供养，帝端居不动，诸大德亦复默然，帝乃云此是真实功德。""帝万机之暇，自奉施食，持数珠而课诵。""帝诏：遍天下，每一岁中行布施度僧，读大藏经。"另外，八思巴组织僧众为皇家举行法会，中统三年（1262）十一月丁亥，"敕圣安寺作佛顶金轮会"，十二月戊寅，"作佛事于昊天寺七昼夜，赐银万五千两"。中统五年四月，因东平、太原、平阳发生旱灾，朝廷还"分遣西僧求雨"。由于这一时期忽必烈忙于与阿里不哥的战争以及平定李璮之乱，皇室的佛事活动的次数和规模远不及后来那么频繁和盛大。

  作为国师，八思巴在这一时期的另一项主要任务是向忽必烈举荐佛教方面的人才，其中有一些人是先依八思巴学佛，然后被推荐到朝廷任职的。著名的如藏族人胆巴，朵甘思丹麻人，幼年时依止萨迦班智达和八思巴，后被派往西印度参礼高僧古达玛室利，尽得其传。至元年间经八思巴举荐，亲见忽必烈，受命住持五台山寿宁寺，后到大都及南方潮州为王公授戒，赐号金刚上师，死后追封"大觉普惠广照无上胆巴帝师"，成为一代名僧。又如维吾尔族人阿鲁浑萨理，跟从八思巴学佛，旁通多种民族文字及汉文经史百家之学，受八思巴举荐，官至集贤馆学士、平章政事。另外，八思巴作为萨迦派的领袖和款氏家族的首领，当然会引荐其亲属和门下弟子。八思巴的同母弟恰那多吉大约也于此时来到大都，受忽必烈喜爱，后被封为白兰王。八思巴的异母弟仁钦坚赞大约也在至元年间到达大都，继八思巴之后担任忽必烈的帝师，另一异母弟意希迥乃到大都后被忽必烈之子忽哥赤迎去藩邸，奉为上师，忽哥赤受封为云南王时随往云南，在那里去世（一说逝于朵甘思）。这样，由于八思巴受封为国师，佛教特别是藏传佛教的萨迦派对忽必烈一家的影响日益增大。

  藏文史籍记载，青海湟中一带西纳家族的喜饶意希贝桑波因服侍八思巴受比丘戒、护送八思巴到大都之功，由忽必烈和八思巴赐予文书，将湟水流域一带的土地赐给他，西纳家族被封为宗喀地方的万户。[82]这表明受封为国师的八思巴已通过忽必烈逐渐掌握了在藏族地区封赏亲信、扶植地方势力的权力。

---

[82]　智贡巴·贡却丹巴饶杰：《安多政教史》，吴钧等译，第166页。

八思巴就任国师之后，以忽必烈为首的蒙古皇室献给他的金银财宝也日益增多，作为佛教徒，他将这些财物用于萨迦寺的扩建上。1262年，"他派人给萨迦送去许多财宝，由本钦释迦桑布在大屋顶旧殿的西面兴建了大金顶殿"。[83] 正在为巩固新王朝而操劳的忽必烈也开始在西藏营造佛教建筑，1260年，忽必烈命八思巴在西藏建黄金塔，命尼婆罗国选工匠一百名参加，结果尼婆罗派来八十名工匠。其中的阿尼哥后来成为八思巴的弟子，随八思巴入朝，以绘画铸金之艺得到忽必烈的赏识，历任诸路金玉人匠总管、光禄大夫、大司徒、领将作院事，去世时赠太师、开府仪同三司、凉国公、上柱国。他曾修复明堂针灸铜像，为忽必烈造七宝镔铁法轮作为车驾行幸时的前导，大都和上都寺观之像多出于其手，[84] 成为中尼两国文化交往史上的一段佳话。

为了实地了解蒙哥汗去世后西藏各教派的实际情况，同时祈求佛教的护佑，忽必烈于中统三年（1262）派遣金字使臣入藏，向各教派的寺院奉献布施，并举行法会，这大约也有宣谕新即位的大汗对西藏的德惠的含义。忽必烈的这一行动，也得到八思巴的大力配合。二月八日，八思巴在大都写了一封致乌思藏诸大德的信。信中首先向乌思藏的僧众遥致问候，接着写道：

我们的上师法主具有无量智慧及慈悲，不顾自身的安乐利益，为了整个佛陀的教法及众生的利益，前来皇子驾前，其利益大众之事业众人皆心中明知。继他之后，我亦尽我之所能服事佛法，利益众生。尤其是当今大皇帝的心中怀有以公正的法度护持整个国土、使佛法弘扬之善愿，我留住于他的驾前，并非为了一己之利，而是为了使其理解佛陀教法、明辨取舍、善为区分佛法及冒充佛法的邪说，使其如先前所有的法王那样成为教法之王。我曾多次奏请利益整个佛法及所有

---

[83] 阿旺贡噶索南：《萨迦世系史》（第一版），第173页。

[84] 《元史》卷二百三《方技传》。

众人之事，请求颁发有益之诏命，众人心中当已明知。特别是由于我先前多次奏明佛教根本戒律清净、有讲经听法之规，应大利佛法，故此次皇帝派遣金字使臣送来举行法令之资米。望各位大德及僧众合力祈愿大皇帝长寿、顾念佛法，为使教法弘扬，有情众生平安幸福，随时说法听经、修习禅定、依法念诵、讲论，成就善业。望僧众齐心和睦清净祈愿。举行法会之后，亦愿在一切时中努力说法听经。我将尽力使你们所有僧众能够安心听经说法，完成诸法事。[85]

这封信的末尾题为"狗年二月八日写于皇宫大殿"，由于没有记天干，只记地支，所以对此信的年代难以确定。根据八思巴各种著作的题记可明确八思巴两次在大都活动的时间，再参照信的内容，可将这个狗年确定为1262年。再结合1262年蒙古和西藏的形势，可以看出此信是在《萨迦班智达贡噶坚赞致乌思藏善知识大德及诸施主的信》《萨迦班智达去世时八思巴致乌思藏地区高僧大德的信》之后。这是萨迦派领袖的又一封致各教派僧人的重要通告信。尽管八思巴在信中使用的语气是温和含蓄的，但是他要在忽必烈的支持下领导和掌管各教派的宗教事务，使佛教各派合力支持忽必烈的意愿表述得清楚无误。看来，忽必烈即大汗位后改变蒙哥汗在西藏的分封制的计划正在八思巴的参与下积极进行着。

协助建立藏族地区的驿站

藏族居住的青藏高原地域辽阔，人烟稀少，气候条件恶劣，交通十分不便。无论是藏族自己建立的王朝还是中原王朝为实现对藏族地区的有效控制，都必须建立一个严密的驿站系统来传递消息、维持交通、接待过往人员、保证军队的后勤供应。早在吐蕃王朝时期，吐蕃就在青藏高原的各个主要地区之间设置过驿站，用以维持

---

[85]《萨迦五祖全集》（德格木刻版）第十五函，第257-260页。

王室和派往各地的官员和军队的联络，指挥数千里外的军事行动。吐蕃的驿站，东北与唐朝的驿站相接，来往使臣可以从西藏拉萨或山南直到唐朝都城长安，沿途得到住宿的便利和生活供应。在西北方面，吐蕃的驿站延伸到敦煌和安西四镇，保证了吐蕃对这些地区的控制。从敦煌发现的古藏文文书看，吐蕃的驿站有驿吏、驿卒等，对过往使者有定量的生活供应，如有延误可逐站追查责任，驿站有大站、小站之分，信使也有急使和一般使者之分。[86] 吐蕃王朝崩溃之后，地方势力割据统治，维系各地区之间交通往来的驿站也随之废弛。多达那波入藏和忽必烈南征大理，都曾在藏族地区设立驿站，不过当时主要是为了军事需要，而且只在藏族地区的东部。忽必烈即位后，为加强对藏族地区的实际控制，在西藏推行政令，在中统年间派遣了一个名叫答失蛮（das-sman）的官员进藏，从青海开始一直到朵甘思、乌思藏，清查沿路人口、物产、道路情况，设置驿站，建立了一条直接通到萨迦的驿站。《汉藏史集》对答失蛮的这次进藏，有如下一段描述：

> 蒙古薛禅皇帝亲自下诏，命令大臣答失蛮说："答失蛮听旨，吐蕃之地人民强悍，以前吐蕃之王统治时，在唐代宗皇帝时期，吐蕃军曾到五台山，在保定府地方留下了称为噶玛洛的驻军。当今吐蕃无王，凭仗成吉思皇帝的福德，（吐蕃）广大地面俱收归（我朝）统治，萨迦喇嘛也接受召请担任我们的上师。上师八思巴伯侄，本是一方之主，其学识在我等之上，如今也在我们治下。答失蛮，汝品行良善，速前往萨迦一行，使我听到人们传颂强悍之吐蕃已入于我薛禅忽必烈治下、大臣答失蛮已到达萨迦的消息。"答失蛮启奏道："臣谨遵陛上之命前往。然则，吐蕃者，其民凶猛，彼等毁坏自己之法度，又不遵汉地、

---

[86] 关于吐蕃王朝设置驿站的情形，可参见拉萨大昭寺前的"唐蕃会盟碑"正面的汉、藏对照盟文；《新唐书》卷三十《地理志》，鄯州鄯城条，鄯城至吐蕃驿站的里程数；陈庆英、端智嘉：《一份敦煌吐蕃驿递文书》，《社会科学》（甘肃）1981年第2期。

蒙古之法度，又不立边哨巡守。我等来回所需之经费，以及大事如何完成，请颁明示。"皇帝又下令说："你等如能使朕听到强悍之吐蕃已入治下的赞颂即可。路上所需各种物品，俱由御库官员拨给。直到萨迦以下，可根据地方贫富、道路险易、人口多寡，仿照在汉地设置驿站之例，择拣适于建立大小驿站之地，设立驿站。使上师八思巴前往吐蕃之时，一路平安顺利。另一方面，你任宣政院之职，可细查吐蕃地方之情势，如能了解，对掌管吐蕃之大事以及众人必有利益。汝其前往！"

答失蛮领受了上师的法旨、皇帝的札撒（诏书）等，带领许多随从，携带来往路上所需物品，以及从大小御库领出的赏赐藏区各级首领所需的物品，前来吐蕃。首先，他到了吐蕃地方佛教再弘的发源地——朵思麻的丹底水晶佛殿，依次经过朵堆（即朵甘思）、卓多桑珠、后藏，最后到了具吉祥萨迦寺，一路上在各地召集民众，颁发堆积如山的赏赐品，宣读诏书和法旨。从汉藏交界之处起，直到萨迦，总计设置了二十七个大驿站（vjam-chen）。其中，在朵思麻设了七个大驿站，朵甘思设了九个大驿站，乌思藏地区设了十一个驿站。在乌思藏地区的驿站中，由乌思地方之人支应的大驿站有索、夏克、孜巴、夏颇、贡、官萨、甲哇等七个，由后藏之人支应的大驿站有达、春堆、达尔垅、仲达等四个，并规定了各个万户支应驿站的事项。

答失蛮向吐蕃强悍民众宣布了皇帝与上师即施主与福田的诏敕，又在萨迦等地考察了整个吐蕃地方的风俗民情。答失蛮返回皇帝驾前，将经办情形奏明。皇帝认可其所办之事，并赐宴、赐物，任命其为宣政院官署的负责官员。

"又以吐蕃诸驿站俱系新立，请求委派一名能使其安定之人管辖。于是派大臣额济拉克（'i- ji-lag），给以管领吐蕃驿站的诏书，任同知（thong-ji）之职，遣往西土。自此之后，蒙古与萨迦派施主与福田之间的关系紧密，吐蕃二十七个驿站保持安定。上师、本钦、蒙古与吐蕃之金字使者等，来往道路平安，吐蕃强悍百姓得享幸福。他（额济拉克）是薛禅皇帝派往萨迦的第一个金字使臣，对佛教以及萨迦派十分信仰，是一个良善官员。故将其事迹简述如下：同知额济拉克，在受命掌管吐蕃驿站之前，当蒙古皇帝率军前往云南之时，（掌管）朵思麻两个驿站，配合汉地驿站，在收服云南之战中效力，（又掌管）朵甘思噶热、郭贝两驿站。（他）对乌思藏恩德甚大。"[87]

有的学者认为，额济拉克是维吾尔族人叶仙鼎。《元史》一百三十三卷中有传云："仙鼎幼事世祖于潜藩，从征土蕃、云南，常为前驱。"以后参加攻南宋、征阿里不哥、平李璮等战役，都立有战功，"授西道都元帅、金虎符、土蕃宣慰使。仙鼎素熟夷情，随地厄塞设屯镇抚之，恩威兼著，顽犷皆悦服。赐金币钞及玉束带。为宣慰使历二十四年，迁云南行省平章政事。"对照藏汉文记载，叶仙鼎参加过忽必烈征云南之战，又任吐蕃宣慰使多年，确有许多经历与额济拉克相似。但叶仙鼎是一名常为前驱的战将，而额济拉克则是管理驿站供给军需的后勤官，又有一些不同。因此额济拉克是否就是叶仙鼎，还需进一步考证。

元代乌思藏这条驿路上的十一个大站，有不少在现在的地名中还可以找到。其中索驿站（sog）显然是在今天那曲的索县县城所在地，这里有一条索曲河，地势比较平坦，以牧业为主，兼有少量农业，适合商旅来往停歇。当地有一座赞丹寺（tsan-dan-dgon），建筑雄伟，俗称小布达拉。据说，八思巴在此停留时，赐给一段檀香木，指示在此建寺，因此得名"赞丹寺"（赞丹即檀香）。因此可以认为这里是元代索驿站所在地。索驿站后面的夏克驿站（shag），其地名也至今犹存，在今比如县西北部的夏曲镇。这里也以牧业为主，有少量农业，有一条下秋河（即夏曲）。从索县到夏曲镇路程为100多公里，由此可推测，元代西藏各大驿站之间的距离大约100公里。夏克驿

---

[87] 达仓宗巴·班觉桑布：《汉藏史集》（第一版），第273-277页。

位于藏北那曲索县的赞丹寺。索县是元代乌思藏第一个大驿站所在地,八思巴经过此地时赐予一段檀香木,指示在此建寺,故名赞丹寺。

站的下一个驿站孜巴驿站(rtsi-bar)应该在夏曲往西约100公里的地方,即今天的那曲镇附近。

下一个驿站夏颇驿站(sha-pho),应该在那曲镇西南100多公里的地方,此地有一个香茂乡,藏文地名为sha-mang,意为"鹿多的地方",与夏颇(sha-pho,意为"公鹿")相近,应该是地名稍有变化。再下一个驿站贡驿站(rkong)应该在香茂乡的西南100公里处,即今天拉萨市当雄县的县城附近。当雄县有一公塘乡,藏文为kong-thang,与贡驿站相符,因此可以认为贡驿站即在此处。再下一个驿站官萨驿站(dgon-gsar)应该在当雄县西南约100公里的地方,即今天的羊八井温泉附近,官萨意为"新的寺院",应该是元代此处有一座叫作官萨的寺院,因此驿站得名官萨。

再下一个驿站为甲哇驿站(gya-ba),应该在羊八井西南约100公里的尼木县麻江区。麻江区藏文为mar-rkyang,意为"红色的

西藏比如县夏曲镇，元代乌思藏第二个大驿站所在地，八思巴多次经过此地。

野驴（野马）或者下方的野驴"，甲哇驿站的名称可能来自野驴（rkyang-ba）。

再下一个驿站为后藏的达驿站（stag），其地名至今犹存，即今日喀则市和南木林县交界的大竹卡（stag-gru-kha），意为"达地方的渡口"。直到20世纪80年代，这里仍然是南木林到日喀则必经的渡过雅鲁藏布江的渡口。

再下一个驿站春堆驿站（tshong-vdus），在大竹卡以西100多公里（即今日喀则市市区附近），藏文史籍记载，历史上年楚河下游有一个叫作春堆的贸易市场。

再下一个驿站达尔垅驿站（dar-lungs），应该在春堆驿站以西100多公里的地方，即今日喀则到萨迦的中间地段。最后一个驿站仲达驿站（grom-mdav）在萨迦附近，萨迦寺前面有一条河叫作仲曲河，向北流入雅鲁藏布江。仲达即"仲曲河谷"之意。

由此可见，元代乌思藏驿路的大驿站之间相距大约 100 公里左右，这比内地驿站间相隔约 50 公里要远一倍。在大站之间还设有若干小站，以保证交通和通讯的顺畅，但是这些小站没有文献记载。

获得珍珠诏书和领总制院事

从 1260 年到 1264 年，在击溃以阿里不哥为首争夺汗位的反对势力和镇压汉人军阀李璮的叛乱后，忽必烈有步骤地进行新王朝的建设，组建了以蒙古贵族为首、有汉人地主及其他少数民族上层参加的封建地主阶级的政权。它以中原王朝的传统制度为主，同时又保存了蒙古领主制度下的斡耳朵、怯薛、封王、投下等直接保障蒙古贵族特权利益的制度。中统元年四月忽必烈始置中书省，作为中央的最高行政机关，中统四年五月又设枢密院，总领全国军政。与此同时，忽必烈还命刘秉忠主持修建中都（后改名大都，今北京）城宫室，准备定都。

在组建新王朝的统治机构时，忽必烈自然也考虑到了广大的藏族地区。即位前，忽必烈就对蒙哥汗将西藏分封给诸兄弟作为投下的办法不甚赞同。忽必烈亲自领兵到过藏族地区，又通过与八思巴的交往对藏族的历史和宗教有了较深的了解。他认识到，藏族地区"地广而险远，民犷而好斗"；教派林立，无所统属，因而"思有以因其俗而柔其人"，也就是要找到一种适合藏族地区政治、宗教情形的牢固统治办法。当时，蒙哥汗所分封的西藏领主中，蒙哥和阔端已死，阿里不哥已失败，旭烈兀率军西征未归，使忽必烈有可能重新调整对西藏的管理。大司徒绛曲坚赞说："蒙哥皇帝升天以后，薛禅皇帝即汉地的帝位时，将西藏所有的守土官全部撤回。因为薛禅皇帝与旭烈兀兄弟情谊甚笃，我们（帕竹派）的守土官仍然保留，仍旧归属于旭烈兀。"[88] 也就是说，除了在反对阿里不哥的战争中

---

[88]《大司徒绛曲坚赞自述》，载大司徒绛曲坚赞：《朗氏家族史》，第 110 页。

为争取旭烈兀的支持而保留了旭烈兀在西藏的封地外,忽必烈即位后不久就将诸王在西藏的封地全部收回。当时忽必烈已经考虑到要设置中央王朝的机构对西藏进行统治,同时也认识到藏传佛教僧人在治理西藏上的重要性,因此他把实现新王朝对西藏的统治,在西藏建立新的行政体制的重任交给了他最信任的藏传佛教宗教领袖八思巴。

经过认真考虑和准备,至元元年忽必烈决定派八思巴和其弟白兰王恰那多吉返回萨迦去完成建立西藏行政体制的任务。五月一日,八思巴临行时,忽必烈赐给他一份诏书,藏文史籍中通常称之为"珍珠诏书",全文如下:

长生天气力里,大福荫护助里,皇帝圣旨。晓谕众僧人及俗民等:此世间之完满,由成吉思皇帝之法度而生,后世之福德,须依法积聚。明察于此,即可对佛陀释迦牟尼之道生起正见。朕善知此意,已从明白无误之上师八思巴处接受灌顶,封彼为国师,任命其为所有僧众之统领。上师亦已对敬奉佛法、管理僧众、讲经听法修习等项明降法旨。僧人们不可违了上师之法旨,应敬奉佛法,懂得教法者讲经,年青心诚者学法,懂得教法而不能讲经听法者可依律修习。如此行事,方合乎佛陀之教法,合乎朕担任施主、敬奉三宝之愿意。汝僧人们如不依律讲经听法修习,则佛法又何在?佛陀曾谓:"吾之教法犹如兽王狮子,体内不生损害,外敌不能毁坏。"此语出自《莲华面经》上:"阿难!譬如狮子命绝身亡,若空若地若水若陆,所有众生不啖食彼狮子身肉,唯狮子身自生诸虫,还自啖食狮子之肉。阿难!我之佛法非余能坏,是我法中诸恶比丘,犹如毒刺,破我三阿僧祇劫积行勤苦所集佛法。"又见《仁王经》下:"如狮子身中虫,自食狮子肉,非外道也。"朕驻于通衢大道之上,对遵依朕之圣旨、懂得教法之僧人,不分教派一律尊重服事。如此,对依律而行的僧人,无论军官、军人、守城子官、达鲁花赤、金字使者俱不准欺凌,不准摊派兵差赋税劳役,使彼等遵照释迦牟尼之教法,为朕告天祝祷着。朕并颁发下圣旨使彼等收执。僧人之佛殿及僧舍里，金字使者不可住宿，不可索取饮食及乌拉差役。寺庙所有之土地、水流、水磨等，无论如何不可夺占、收取，不可强逼其售卖。僧人们亦不可因为有了圣旨而违背释迦牟尼之教律而行。

朕之诏命于鼠年孟夏月一日在上都写来[89]

这份诏书颁发于八思巴离京返回萨迦之时，很显然具有委派八思巴管理西藏政教事务、建立行政体制的授权证书的性质。它采用珍珠诏书这种特殊形式，正是为了表明忽必烈对八思巴此行的极其重视和八思巴地位的崇高。在蒙哥汗时期，藏传佛教各教派和一些地方首领，分别从他们接纳的蒙古诸王那里得到保护其权益的诏书和令旨；要让他们遵从八思巴的管理，忽必烈给予特别的授权是完全必要的。从此以后，元朝历代皇帝给帝师颁赐珍珠诏书成为一种惯例，珍珠诏书也成为帝师和萨迦派在西藏的权力和地位的标志。《元史·释老传》记载："且每帝即位之始，降诏褒护，必敕章佩监络珠为字以赐，盖其重之如此。"《南村辍耕录》卷二《诏西番》则记载："累朝皇帝于践祚之始，必布告天下，使咸知之。惟诏西番者，以粉书诏文于青缯，而绣以白绒，网以真珠，至御宝处，则用珊瑚，遣使赍至彼国，张于帝师所居处。"今西藏山南昌珠寺存有一件珍珠唐卡（藏传佛教的一种卷轴画），即用数千大小珍珠在青色锦缎上网成佛像，相传造于宋代，赐给帝师的珍珠诏书大约是由藏族的艺术形式演变而来。从诏书的内容看，忽必烈强调了这样的事实：他从八思巴那里接受灌顶，他封八思巴为国师并任命其为所有僧众的统领，并要僧人们遵照八思巴的法旨行事。这就造成了"于是帝师之命与诏敕并行于西土"的局面，为八思巴颁布法旨管理西藏各派佛教僧人提供了依据，事实上在汉地也可以见到帝师法旨与皇帝圣旨并行的事例。

八月，忽必烈颁布《建国都诏》，在以上都为都城的同时，改燕

---

[89] 阿旺贡噶索南：《萨迦世系史》（第一版），第160-161页。

藏于山南昌珠寺的"珍珠观音菩萨憩室图"唐卡，俗称"珍珠唐卡"。

京为中都路，升为都城，并改年号为至元。此时，忽必烈在中央机构中设立总制院，掌管全国佛教及吐蕃地区的行政事务，并领之于国师，也就是让八思巴掌管总制院的事务。

总制院设立之时，藏族地区并非立即就有了包括三个宣慰使司以及各万户、千户的完整行政体系。1264年八思巴返回西藏时，西藏并没有设立宣慰使司（乌思藏宣慰司是在八思巴去世后才设立的），各教派和地方势力归顺了蒙古，但是他们彼此互不统属的状况并没有根本改变。在朵甘思和朵思麻地区，蒙古设置了一些机构，对交通要道和接近汉地的地区进行管辖，但是在边远地区武装对抗仍在进行。在这种情况下，忽必烈交给八思巴的是实地建立藏族地区行政体制的重大任务，而命八思巴统领天下释教特别是领藏传佛教各派寺院和僧人以及领总制院事，是完成这一重大任务必须具备的权力和条件。

《元史·释老传》记载："元起朔方,固已崇尚释教。及得西域,世祖以其地广而险远,民犷而好斗,思有以因其俗而柔其人,乃郡县土番之地,设官分职,而领之于帝师。乃立宣政院,其为使位居第二者,必以僧为之,出帝师所辟举。而总其政于内外者,帅臣以下,亦必僧俗并用,而军民通摄。于是帝师之命,与诏敕并行于西土。"这说明了元代在藏族地区的统治具有蒙藏统治阶级联合、僧俗统治阶级联合的特点,从而将西藏纳入元朝的稳固统治之下,正是在实现这种联合统治的过程中,八思巴发挥了他独特的历史作用。

八思巴返藏途中

八思巴此次返回萨迦,是与其弟白兰王恰那多吉同行。谈到恰那多吉,《汉藏史集》记载:"蒙古薛禅皇帝封他为白兰王,赐给金印,并为他设置左右衙署,委派他治理整个吐蕃地区。"[90]《萨迦世系史》则说忽必烈将恰那多吉"任命为蕃地三区的'总法官'"。[91]《红史》记载,"薛禅皇帝派他充当吐蕃总首领"。[92] 其实,按照恰那多吉尚蒙古公主受封白兰王的身份看,忽必烈对他的委派具有宗王出镇的性质。八思巴兄弟一路有蒙古军队护送,他们利用当时新设立不久的驿站,前进速度比1244年从萨迦到凉州去会见阔端快得多。

在经过朵思麻地区时,八思巴遇到一位精通蒙古、汉、畏兀儿、藏等语言的聪明能干的藏族青年,他就是后来位极人臣、权倾朝野的藏族宰相桑哥。桑哥出身于甘青藏区,相传他属于吐蕃王朝时期的藏族噶玛洛部落,因在戍守边境时没有接到赞普命令未能返回西藏。他最初担任译吏,后在汉藏交界之地拜见了八思巴,于是他请求为八思巴效力。八思巴将他收在自己身边做侍从,带回萨迦,

---

[90] 达仓宗巴·班觉桑布:《汉藏史集》(第一版),第330-331页。

[91] 阿旺贡噶索南:《萨迦世系史》(第一版),第223页。

[92] 蔡巴·贡噶多吉:《红史》(第一版),第48页。

之后又派他到忽必烈那里办事，因得到忽必烈赏识而留在朝中当官。[93]《元史》记载，他"为人狡黠豪横，好言财利事，世祖喜之"。至元二十四年（1287）十月，"遂以桑哥为尚书右丞相，兼总制院使，领功德使司事，进阶金紫光禄大夫"。从桑哥的事例中可以看出，八思巴虽贵为国师，在艰难的长途跋涉中仍随时注意发现和提拔藏族有才能的青年，使他们能为新王朝的统治服务，为增进民族感情出力，这在历史上是有积极意义的。

作为萨迦派的教主，八思巴深知在藏族社会中宗教与政治的密切关系，只有扩大宗教影响，才能扩大自己在藏族地区的政治影响，实现在蒙古皇室治下的藏族地区的政治统一。他在联络各教派和地方势力首领的同时，随时关注在各地建立萨迦派的寺院，扩大萨迦派的势力。例如甘南的卓尼寺，据记载，八思巴路过卓尼时见到该地风脉很好，下令在该地修建寺院，起名卓尼寺，并把精通经典、具有功德的萨迦派格西留在寺中，作了建寺修塔的安排。后来卓尼寺果然发展成甘南东部的大寺院，并与当地地方势力相结合，形成政教合一的局面，直到明代才改宗格鲁派。[94]

此后八思巴到了朵甘思的噶巴域（亦称"噶哇隆巴"），这里是藏文古籍中所说的丹玛（元代汉籍中译作"旦麻"）地区的一部分。《汉藏史集》记载："在北方蒙古与吐蕃交界处附近，有一块像牦牛形状的大磐石，牛嘴朝向东方。从牛背后流出来一条河，叫作察杰藏布，它在西面流。从牛前面流出的一条河，叫作牦牛河，它在东面流过丹玛。它的北部流域是丹宁，南部流域是丹斯布。这条大河谷的偏下部分，有汉地蒙古的一条大驿路将其分为两部分，上部即上丹玛，叫作噶巴域。"[95]这里说的牦牛河，即长江源头的通天河，

---

[93] 达仓宗巴·班觉桑布：《汉藏史集》（第一版），第288-289页。

[94] 嘉木样协巴·久美旺布：《卓尼政教史》，卓逊·道尔吉（杨士宏）译，西北民族学院研究所，1990，第6页。

[95] 达仓宗巴·班觉桑布：《汉藏史集》（第一版），第372-373页。

察杰藏布即发源于青海省玉树藏族自治州杂多县的扎曲,向南流至西藏昌都,称澜沧江;经云南流至老挝、泰国,称湄公河;再经柬埔寨、越南入南海。扎曲的源头与通天河的南源即发源于杂多县的当曲确实只有一山之隔,因此,藏文古籍所说的丹玛即指长江和澜沧江上游两江并流的地区,包括青海玉树藏族自治州的东部和四川甘孜藏族自治州的北部,元朝通往西藏的驿路正好横穿其中。当八思巴一行到达噶巴域时,受到盛大欢迎。该地举行了盛大法会,聚集僧俗信徒达一万多人,八思巴升座讲经说法,传授灌顶。为了纪念这次盛会,噶巴域从此得名"称多"(khri-vdu,意为"万人集会")。近代在称多地方设县,称多又成为县名,即今天玉树藏族自治州的称多县。

在称多,八思巴还受到噶·阿年胆巴·贡噶扎巴的欢迎,此人即元代世祖、成宗两朝名震一时的胆巴国师。《元史·释老传》记载:"八思巴时,又有国师胆巴者,一名功嘉葛剌思,西番突甘斯旦麻人。"《佛祖历代通载》记载,胆巴"幼孤,依季父,闻经止啼,知其非凡。遣侍法主上师(即萨迦班智达)。试以梵咒,随诵如流。曰:'此子宿积聪慧,异日当与众生作大饶益。'年十二,训以前名。自是经科咒式坛法明方,靡不洞贯。年二十四,讲演大喜乐本续等文,四众悦服。上师命胆巴至西天竺国参礼古达麻室利,习梵典,尽得其传。"看来胆巴幼年师从萨迦班智达,本来就是萨迦派中人,又受命去西印度学法,精通梵典。大约他从西印度返回后,就到家乡噶巴域居住,当八思巴路过时,即前来迎接。正因为他是出身于康区的萨迦派僧人,又学识渊博,因此受到八思巴的重视,把他带往萨迦,不久又派他返回称多建立寺院。胆巴在称多修建了一座萨迦派寺院,还在八思巴讲经说法的地方建立了一个名为"白玛噶波(白莲花)"的法座。1268年八思巴奉旨回京,又经过称多,他为胆巴所建的寺院赐名"尕藏班觉林(贤动富足洲)",通称尕藏寺。他还赐给尕藏寺释迦牟尼十二岁身量的唐卡(现仍存寺中)一幅、在蓝纸上用金银汁书写的《大藏经》一套、一尺五寸高的镀金佛塔一座、九股金刚铃杵一个。八思巴还颁给尕藏寺一道法旨，以蒙古、藏、汉三种文字写在锦缎之上，内容大意是要求当地居民向尕藏寺交纳酥油、青稞、黄金、牲畜等，并规定任何人不得侵扰寺院。八思巴还赐给胆巴主管当地政教事务的象牙章和白檀香木章各一枚，胆巴又随八思巴到朝廷，后来驻锡五台山、大都等地，受封为国师，圆寂后追封为"大觉普慈广照无上帝师"。这正与赵孟頫所书《胆巴碑》中的"至元七年，与帝师巴思八俱至中国"相符。

在八思巴的关注和支持下，萨迦派的尕藏寺发展很快，成为元代玉树的一座大寺。相传，在元代最盛时该寺建筑从仲松庄直抵峨来山下，长达一公里，寺僧达一千九百多人，成为称多地区的政教中心。看来八思巴对扩大萨迦派在玉树一带的影响和势力是有周密的计划的。除尕藏寺外，八思巴还派弟子兴却仁增却仲到称多南部歇武地区的多干寺，将该寺改宗萨迦派，并主持其寺务，还规定以后从萨迦寺派遣一名"萨迦喇根"（意为"萨迦长老"）住在多干寺，传授教法和协助管理寺务，以后成为定制，延续到近代。八思巴还派遣侍从秋林多杰在今玉树藏族自治州的下拉休乡修建了萨迦派的秋林多杰寺。在囊谦县的萨迦派寺院宗达寺也和八思巴有关。由于八思巴和胆巴等人的努力，元代玉树地区新建或改宗萨迦派的寺院达十余座。

在四川甘孜地区，相传第二十七世德格土司乌金巴的弟弟索郎仁青是八思巴的侍从，为萨迦派的名僧之一，由八思巴举荐受封为朵麦千户，管辖今天的巴塘、邓柯、白玉等地。他在白玉和巴塘相连接的萨玛村修建了一座名叫萨玛寺的寺院，作为他的宫殿，故其政权有"萨玛政权"之称。有人考证认为，萨玛政权即《元史》中的"亦思马儿甘军民万户府"。[96] 德格土司的辖区内有德格大寺、昌都江达县的瓦拉寺和赛迥寺等萨迦派的寺院，德格大寺的印经院现在是闻名于世的木刻藏文经书的中心。此外，在八思巴时期萨迦

---

[96] 格勒：《甘孜藏族自治州史话》，四川民族出版社，1984，第82-83页。

派的势力也进入云南，八思巴的异母弟意希迥乃曾任云南王忽哥赤的上师。"萨迦派在云南的分布主要是滇藁和永宁等摩梭人和普米族居住地区，信仰萨迦派的民族现在主要是摩梭和普米族。据实地调查，云南中甸、德钦、维西等藏族地区历史上信仰过萨迦派，至今中甸格咱、东旺等地藏族民房墙上仍有刷三色的（红色线条代表文殊、白色线条代表观音、蓝色线条代表金刚），这与信仰萨迦派（花教）有关，但萨迦派僧侣在当地已绝少。""当时康区以及云南摩梭人地区盛行噶举派，但由于八思巴的宗教活动以及元朝的扶持，萨迦派在云南滇藁、永宁等摩梭人和普米族地区兴盛起来。当地萨迦派的主要寺院有：永宁格姆山（汉称狮子山）下的萨迦寺，该寺建于元至元十三年，比永宁扎美戈寺（黄教）早二百多年。该寺定额僧人五百名，僧人全系摩梭人和普米族。此外是滇藁萨迦寺和挖开萨迦寺，滇藁萨迦寺定额僧人四百名，挖开萨迦寺定额僧人三百名。这三座寺的历代寺主同时也是堪布，均由土司之弟担任。"[97]

在青海、甘肃、四川藏族地区还流传着许多关于八思巴和萨迦派在当地活动的传说，例如甘孜、炉霍、道孚一带的霍尔五土司的祖先，相传是护送八思巴回藏的蒙古大臣的后裔，甚至说八思巴在路过康区时到过史诗《格萨尔王传》中所说的岭国，受到岭国的热情接待。[98]青海玉树囊谦千户的祖先曾得到八思巴所赐的法旨，由八思巴委任官职。十世班禅大师出生地青海循化文都千户，据说也属于萨迦款氏家族。综合来看，这些记载和传说反映了八思巴和萨迦派在蒙古皇室的支持下为打破吐蕃王朝崩溃以后藏族地区各地方势力的分立隔绝状态所作出的努力。八思巴在进京和返藏途中在藏族地区建立和扩大萨迦派的势力和影响的行为，不应仅看作是八思巴作为封建领主和教派领袖为了扩大自己的权益而采取的手段，还应该看到在元代全国走向大统一的形势下，藏族不仅参与到全国

---

[97]　杨学政:《西藏佛教在云南的传播和影响》,《西藏研究》1988年第1期。

[98]　格勒:《甘孜藏族自治州史话》，第68页、第78页、第83页。

昌都江达县的瓦拉寺是萨迦派寺院，该寺是八思巴进京途中指示兴建的。

德格大寺的印经院由八思巴委任的德格千户兴建。

大统一的潮流中，本身也结束了分裂割据的状态，走向民族统一。八思巴顺应了这一历史潮流，他为增进藏区各地的政治、宗教、经济和文化的联系而作出的努力，具有重要的历史意义。

1265年藏历新年时，八思巴已抵达拉萨，他从拉萨大昭寺写新年祝辞寄献忽必烈。祝辞的题记说："阴木牛年新年之际，为庆赞吉祥，于吐蕃诸神变之王降世之地、佛法弘扬之根本、具吉祥拉萨神幻自成佛殿写成此吉祥颂诗寄呈。"紧接着八思巴即向萨迦进发，着手完成他建立西藏行政体制的重大任务。

5 尽心理政——首次返回萨迦后的活动

划分拉德和米德

八思巴兄弟在阔别故乡二十一年后返回萨迦,对萨迦派和西藏地方势力都是一件感动人心的大事。萨迦派为他们举行了盛大的欢迎仪式,明代绘制的《八思巴画传》生动描绘了这一壮观的场面:"八思巴和恰那多吉并辔走向欢迎的人群,他们的前面,是五僧五俗组成的前导仪仗,两边是夹道欢迎的僧俗群众。地上焚烧着香木,寺顶平台上,喇嘛乐队正起劲地吹奏着法螺和长号。手捧哈达的政教代表各四人,他们激动难耐地守候在大门口,恭等着给法主和恰那多吉献哈达。"[99]

八思巴回到萨迦后,西藏各地的政教首领纷纷前来求见。相传,八思巴在萨迦寺东南30里的温泉地方[100]巡礼伯祖扎巴坚赞的静修地时,在甘珠尔庙接见了高僧大德,并向他们布施了从大都带来的大量财物,增进了藏传佛教各派人士与蒙古皇室的联系。八思巴还请这些高僧中的一些人为他讲经传法。据《萨迦世系史》记载,这一时期八思巴求教过的大师有克什米尔的高僧室利塔噶达巴扎、洛窝译师喜饶仁钦、纳塘堪布琛·南喀扎、密法师年·俄松衮布、杰浦寺的寺主贡噶贝、象雄巴多吉俄色、俱舍论师仁钦多吉、绒巴堪

---

[99] 杨树文等编著《八思巴画传》,西藏人民出版社、新世界出版社,1987,第92-97页。

[100] 萨迦县城以东18公里的卡吾村以温泉众多而闻名,相传历代萨迦法王曾到这里洗浴,故而又称"法王温泉"。

布僧格日伦、萨迦班智达的弟子旺秋尊追等人。他不仅向他们学习大乘的教义，而且学习小乘的教义和密法，所学内容涉及佛教的五明三学、三藏经论、密法四续部以及相关的经籍、论著、灌顶、护持、咒语等当时西藏佛教界的全部学识，八思巴的谦逊好学因此闻名藏传佛教各教派。在忽必烈准备命令藏传佛教各教派都奉行萨迦派的教法时，八思巴力主让各派奉行自己的教法，使得忽必烈放弃了将藏传佛教统一为萨迦派一个教派的打算，因此他受到各派僧人尤其是专心修习僧人的爱戴和拥护。

在萨迦寺，八思巴利用忽必烈提供的经济支持，"在大金顶殿修建了几座金刚界诸天神的吉祥过门塔作为装饰，并为七座纪念先辈教主的灵塔建了宝盖、金铜合金的法轮，还特地为各灵塔修建了金顶。八思巴还用金汁写造显密经典及般若经等，共二百余部。"[101]

经过与各地政教首领商谈后，八思巴秉承忽必烈的旨意，着手进行建立西藏行政体制的工作。当时西藏是封建农奴制度发展巩固时期，各地的世俗封建领主占有许多庄园，各教派的寺院和宗教领袖也占有庄园和农奴，僧俗封建领主之间又存在错综复杂的联系。农奴的隶属关系和人身依附关系已建立起来，但是这种关系只是封建领主凭借自己的势力完成的事实上的占有，封建农奴制在法律上和制度上并未完全确定，特别是随着僧俗封建领主间的斗争和战乱，对农奴的占有关系仍然在不断变动。随着西藏纳入元朝的行政管辖，西藏在政治上开始走向统一，这就需要建立稳固的封建农奴制的社会秩序，明确封建领主对农奴的占有关系。为此八思巴建立西藏行政体制的第一个步骤是划分俗人民户和寺属民户，也就是藏文史籍中所说的划分米德和拉德。

米德(mi-sde)是世俗领主所占有的农奴，人身依附于世俗领主，世代保持着这种依附关系。在元代，米德不仅要承担自己领主的劳

---

[101] 阿旺贡噶索南：《萨迦世系史》（第一版），第173页。《萨迦五祖文集·八思巴文集》（藏文版）收有八思巴为元朝皇室出资施刊佛经撰写的题记和赞颂文章。

役和税赋，还要承担维持驿站和交纳税赋等封建义务，因此国家对米德也有一定的管辖权。米德为国家承担的劳役，藏语是用一个蒙古词"乌拉"来表达的，这正说明对中央王朝承担劳役在当时的藏族社会还是一个全新的概念。从所处地位看，米德相当于清代噶厦管理下的贵族庄园的农奴，除了人身依附于贵族领主、向贵族领主承担封建义务外，还要向地方政府即噶厦承担差役。

拉德（lha-sde）是佛教寺院和宗教领袖所占有的农奴，人身依附于寺院或宗教领袖，世代要承担寺院和宗教领袖的封建义务。在元代，佛教寺院和僧侣是免除兵役、劳役和赋税的特权阶层，甚至寺院的属民也是免差免税的，如杨琏真加为江南释教都总统时，"私庇平民不输公赋者二万三千户"，[102] 赡思在嘉兴一路勘出僧寺隐蔽徭役的民户二千七百。[103] 而在西藏，寺属民户不承担差役赋税，则是公开合法的，如帝师桑结贝（《元史》中称"相家班"）1307年颁给夏鲁的法旨："晓谕军官、军人、断事官、金字使者、地方官、守护地方官、译吏、站赤、往来收捡者、俗民百姓：西夏鲁寺所辖之寺属民户，敬奉上天，依体例住坐。按照朝廷旨意，对彼等不得征发兵差和食物、乌拉差役，他人不得将税赋转给寺属民户，不得征收商税，不得在佛殿僧舍住宿，不得喂饮牛马、不得征集驮马乌拉、不得混占其牲畜羊只，不得强行借贷，不得强拿农具及鞍具、毛驴。对彼等先前所有之田地、庄园以及土地、水流、草场，无论何者，都不得抢夺和收取，不得借故诬告，倚势欺凌，使彼等平安居住。"对寺属民户的封建义务，帝师贡噶坚赞贝桑布在1336年颁给夏鲁各拉德的法旨中说得很清楚："对于两个加措地方的各个拉德，以前曾历次发布圣旨和文书，让彼等为在夏鲁祝延圣寿及服事僧伽、佛殿出力。"也就是说，寺属民户的任务是供养僧人和寺院，使僧人和寺院能够"祝延圣寿"，为皇帝效力，这与元朝皇室在汉地

---

[102] 《元史》卷二百二《释老传》。

[103] 《元史》卷一九〇《赡思传》。

建立佛寺、赐给土地和民户的用意是一致的。

米德和拉德的具体划分办法至今还未见到明确的记载。关于元代在西藏统计户籍的办法，《汉藏史集》记载，按照规定建立的万户，都划分出六个千户为拉德，即寺属民户占总人口的十分之六，而俗人民户只占十分之四。《汉藏史集》中两处提到元代西藏十三万户的户数（五世达赖喇嘛自传中所记的数字与此相同）：拉堆洛万户为1089户；拉堆绛万户为2250户；曲弥万户为3003户；夏鲁万户为3892户；绛卓万户，数字缺；羊卓万户，数字缺（五世达赖喇嘛自传中为750户）；止贡万户为3630户；蔡巴万户为3702户；帕木竹巴万户为2438户；雅桑万户为3000户；甲玛和嘉域两个万户共5950户，各半，即各有2975户；达垅万户为500户。

按照这一记载，十三万户的总户数只有三万多户，按每户六口人计算，总人口为二十万人，加上一些未包括在十三万户中的户数，也只有二十五万人左右。但是藏文史集记载八思巴1277年在曲弥举行大法会时，参加的僧人达七万名，这两个数字显然是不相称的。

应该看到，上述十三万户的户数确实没有一个万户超过四千户的，这正与《汉藏史集》所说的一个万户中只有四千户的米德相符。而且《汉藏史集》的记载还说明这些是支应驿站差役的户数，[104]即在划分米德和拉德时，这些是十三万户中的米德户数。如果按米德占总人口的十分之四计算，十三万户的总户数应有九万户左右，总人口应有五十多万人，加上不属于十三万户的户数，当时西藏人口大约接近六十万人。

划分米德和拉德牵涉到僧俗领主的经济利益及各万户对元朝的经济承担，所以作为宗教领袖八思巴希望将拉德划得多一些。《贤者喜宴》记载，萨迦派因为是皇帝上师所属的教派，所以将本应划为米德的三千户划为拉德，蔡巴派的属地原为忽必烈的份地，所以将应划为米德的两千户划为拉德，八思巴还曾向皇帝请求，将拉萨

---

[104] 达仓宗巴・班觉桑布：《汉藏史集》（第一版），第302-304页。

四部的米德划给止贡派作拉德，皇帝回答说："上师何必讨要米德。"没有同意。[105]这说明划分拉德和米德确实是在八思巴时期进行的，而且将一些本应划为米德的民户划为拉德。因此，西藏当时的总人口数，可能比上面的估计还要高一些。

划分拉德和米德主要明确领主和农奴的隶属关系。在西藏的具体历史条件下，这二者并不能截然分开。由于藏传佛教在社会上的强大影响，米德并不能与宗教截然分开，米德本身也是藏传佛教某一教派的信徒，在精神上以及在经济上仍然承担宗教义务。拉德是寺院和宗教领袖的属民，是朝廷拨给寺院和宗教领袖作为供养的民户，而寺院和宗教领袖是元朝封建统治阶级的一部分，因此拉德也不是完全脱离元朝统治的世外之人。不过划分拉德和米德在西藏历史上确实是一件划时代的大事，它以牢固的世代领属关系为元朝统治下萨迦派的政教合一制度奠定了基础。

八思巴作为国师，被封为佛教各派的最高领袖，因而对各派的寺院和宗教首领具有管辖权，从而也对各万户中的拉德具有管辖权。当然，八思巴在行使这种管辖权的时候，要充分考虑各派历史形成的权益和传统。同样，八思巴作为领总制院的元朝高级官员，通过总制院、本钦和十三万户的行政体系，对米德也具有管辖权。此外，八思巴还直接领有属民，作为萨迦派的教主，萨迦派的拉德即他的属民，忽必烈还在甘、青一带封有八思巴的采邑。这说明八思巴本人既是一派的教主，又是元朝所封的一个封建领主，具有与世俗封建领主同样的身份，同时还掌握对藏族地区的政教管辖权，而且这种管辖权是在萨迦派内部世代相承的。可以说，八思巴在西藏建立的行政体制是"政教合一"的统治制度。不过八思巴的"政教合一"并不是他具有"教主兼国王"的身份，只是在藏族地区握有最高政教权力的一个封建领主，而且这种政教权力是在元朝的统治下获得的，必须得到元朝皇帝的承认才能发挥效力。

---

[105] 巴俄·祖拉陈瓦：《贤者喜宴》（第一版，下册），第1422页。

从西藏的历史发展进程看，八思巴划分拉德和米德，实际上是代表元朝取得对西藏僧俗封建领主占有农奴的封授权。吐蕃王朝崩溃后的四百年间，藏族地区处于分裂状态，各地的大小封建领主分裂割据、自相混战，农民被迫沦为某一领主的农奴，或自动依附于某一领主充当农奴，自由农民这一阶层已基本不存在，藏族社会由农奴主和农奴两大阶级组成。封建领主占有农奴，不是依据某种法律或某一政权的封赐，而是依据自己的实力，因此僧俗领主争夺农奴的战乱接连不断。忽必烈是蒙古贵族的代表，八思巴是西藏僧俗封建农奴主的代表，在当时的历史条件下，他们不可能在西藏废除农奴制，使农奴成为自由农民，由国家统治自由农民，他们所能做的是掌握对封建领主封授和没收农奴（包括土地）的权力，把领主和农奴的阶级关系纳入统一国家的法律和行政制度之中。然而这正构成了元朝统一西藏的政治基础，也成为西藏历史的转折点。元朝以后，西藏无论哪一个封建领主或教派建立起地方政权，都要争取中央王朝的承认，并在内部重新确认和封授农奴和土地，也是沿袭了元代西藏的政治体制。

划分十三万户

在划分米德和拉德的基础上，八思巴又主持划分十三万户，调整和确定各万户的辖区，委任万户长和千户长，建立万户的管理机构。藏传佛教各派兴起之时，各派并不是在一块整齐划一的地域中活动，各派的寺院和属民犬牙交错，混杂在一起，只是有些派别有相对集中的地方。蒙哥汗在位时曾封过一些地方首领为万户长，但是万户的机构和职权并不完全明确。八思巴时期划分十三万户，是按照元朝的制度明确和调整各万户的辖地和属民，使各万户开始走向地域性的行政组织。在十三万户中，拉堆洛、拉堆绛、曲弥、夏鲁、绛卓、羊卓、甲玛、嘉域、达垅等万户没有控制政教权力的教派，绛卓、羊卓是为有功的萨迦本钦而分设的万户，嘉域是"由嘉域地方的一千户人家、主巴地方的九百五十户人家，共计一千九百五十户人家组成一个万户",[106] 这说明它们主要是地域性的行政机构。止贡、帕竹、蔡巴、雅桑4个万户虽然有控制万户政教权力的教派，但也不是完全按教派组织的万户。八思巴划分十三万户，在西藏历史上是一个进步，是从家族和教派政治走向地域政治必然要迈出的一步。在这个过程中，必然要触及一些教派和家族的权益，引起矛盾和冲突。大司徒绛曲坚赞说："蒙哥皇帝曾经下诏，封任南萨巴克希为阿里的果绒多以上、波日山脚以下地方的首领，属我们（帕竹噶举派）所有。上师八思巴回到西藏之时，与本钦贡噶桑布师徒二人，趁前世古谢（仁波且）在萨迦之时，说：'你们在阿里管辖的米德，与羊卓浪卡子的民户交换。'古谢仁波且说：'我不能决定，需派人回去请示。'派人向上师甲哇仁波且（丹萨替寺京俄）、多吉贝（帕竹万户长）请示，回答说：'浪卡子万户本是止贡派所辖，被萨迦人取去，（若交换）则止贡人不悦。阿里地方本来就是我们的米德，而且有师徒和檀越关系，不能舍弃，因此不换。'由于没有换成，本钦贡噶桑布又买通南萨巴克希的一个名叫当巴仁楚的侍从，此人是一个十八岁出家的僧人，于世事糊涂无知，本钦贡噶桑布让他放毒，害死了南萨巴克希，作为报酬，（本钦贡噶桑布）将墨竹白蔡地方赠给他。当喜谢巴（第五任丹萨替寺座主扎巴仁钦）兼任座主和（帕竹）万户长时，当巴仁楚和他的妻子还在白蔡地方，喜谢巴的老侍从们还见过他。在南萨巴克希去世后，阿里万户即被萨迦人所占有。这是我们至今不能忘怀的旧恨。"[107] 萨迦派还支持原属帕竹万户的雅桑千户从帕竹万户中分离出来，组成一个万户。[108] 从帕竹派的这些记载中，我们可以看出，八思巴划分十三万户，是经过复杂斗争才最终完成的。

---

[106] 达仓宗巴·班觉桑布：《汉藏史集》（第一版），第278页。

[107] 大司徒绛曲坚赞：《朗氏家族史》，第113-114页、第115-117页。

[108] 同上。

组建萨迦地方政权

在划分米德和拉德、十三万户的基础上，八思巴在萨迦建立起管理西藏地方政教事务的萨迦地方政权，即通常所说的萨迦政权。这个政权的最高首领即八思巴。八思巴之后是历任帝师，当帝师住在大都时，萨迦政权即由萨迦寺的住持或通常所说的萨迦法王负责。萨迦政权首领的职权，主要有以下几个方面：一是依据元朝皇帝的封授，作为藏传佛教的最高首领对各教派的寺院、僧人、拉德行使管辖权，帝师颁布法旨与皇帝诏旨并行于西藏，就是这种管辖的一种方式。二是依据元朝皇帝的授权，掌管西藏行政机构如万户、千户的设置划分，给有功人员赏赐农奴、庄园等，对反抗元朝和萨迦政权的贵族和寺院，则没收其庄园和农奴。三是举荐和委任西藏各级官员，萨迦政权的本钦、朗钦和各万户长，由帝师举荐皇帝任命，千户长以下官员以及萨迦的拉章和勒参的官员由帝师任命。四是通过萨迦本钦处理西藏的行政、户籍统计及诉讼等事务。

在帝师和萨迦寺住持之下，最重要的官员是萨迦本钦。对于萨迦本钦的地位和职权，学术界还有不同的看法。王森先生认为："本钦一词，这在元以前西藏地方职官中，我们还没有碰到过，看起来，这是一种新的称号。在1247年萨班给卫藏各地僧俗领袖的劝降书中，曾经提到过萨迦之执有金字诏书之人以达鲁花赤名义节制西藏地方僧俗官员。达鲁花赤，蒙文意为兼管军民的地方长官，汉文史料有时就译为长官。本钦意为大官，是否源于达鲁花赤，我们还没有找到文字根据。但由本钦的地位和职权看，本钦与达鲁花赤两者之间很可能有些关系。"[109] 据陈得芝教授的考证，元朝在藏族地区设立宣慰使司都元帅府开始于至元初，而乌思藏宣慰司设立于八思

---

[109] 王森：《西藏佛教发展史略》，中国社会科学出版社，1987，第227-228页。

萨迦寺，"萨迦"在藏语中意为"灰白色的土地"，主寺萨迦寺因建在日喀则萨迦县北本波日山的一片灰白色山崖下而得名。

巴去世后的1280年前后，[110]所以萨迦本钦在乌思藏宣慰司设立之前二十年就存在，而且萨迦本钦一任只有一人，乌思藏宣慰司定员五人，二者显然不完全相同，只是有的萨迦本钦曾兼任过乌思藏宣慰使而已。王森先生所说言之有理，八思巴所设的本钦一职正与蒙古诸王在自己的投下所设的达鲁花赤相似。

按照元朝的制度，"封王的贵族还可在封地建王府，设置官属，并且有自己的怯薛"，[111]"凡诸王份地与所受汤沐邑，得自举其人，以名闻朝廷，而后受其职"[112]。元代西藏的萨迦本钦、朗钦等官职，在性质上与此有许多类似之处。另外，当成吉思汗建立蒙古国之初，

---

[110] 陈得芝：《元代乌思藏宣慰司的设置年代》，载南京大学历史系编《元史及北方民族史集刊》1984年第8期；陈庆英：《元代朵思麻宣慰司设置年代及名称》，《中国藏学》1997年第3期。

[111] 蔡美彪、周良霄、周清澍等：《中国通史》（第七册），第102页。

[112] 《元史》志第三十二《选举二》。

曾设立过断事官。

关于断事官的职责，《元朝秘史》卷八记载的成吉思汗对断事官失吉·忽秃虎所说的两段话讲得很清楚："当（我）被长生天佑护着，使天下百姓入轨就范的时候，你作（我的）耳目，把毡帐、板门里的百姓分成份子，作为领民分配给母亲、我们、弟弟们和诸子侄，任何人不得违背你的话。""你把一切领民的分配和诉讼事宜都造青册，写在上面。（凡是）失吉·忽秃虎向我建议而写在青册白纸上的（规定），直到子孙万代不得更改。更改的人要治罪。"[113]不仅元朝中央有断事官，凡是有份地的诸王、功臣，也都有自己的断事官，以治理份地的人民。《元史·百官志》记载："大宗正府，秩从一品。国初未有官制，首置断事官曰札鲁忽赤，会决庶务，凡诸王驸马投下蒙古、色目人等，应犯一切公事，及汉人奸盗诈伪、蛊毒厌魅、诱掠逃驱、轻重罪囚，及边远出征官吏、每岁从驾分司上都存留住冬诸事，悉掌之。至元二年，置十员。三年，置八员。九年，降从一品银印，止理蒙古公事。"

断事官"会决庶务"，范围很广，所管大事可以是封赐属民、登记户籍、领兵出征、审理案件等，小事可以是从驾出行、存留住冬等。从史籍记载看，萨迦本钦也具有这种"会决庶务"的性质，萨迦本钦释迦桑布和宣努旺秋参加了1268年和1287年的清查户口，并将各万户户籍登记在册；止贡之乱时是萨迦本钦阿迦仑领兵配合元朝军队攻打止贡；帕竹和雅桑万户发生争执时，是萨迦本钦审理判决；萨迦本钦还曾拘禁帕竹万户长绛曲坚赞。此外，萨迦本钦还为萨迦寺兴建佛殿、佛像、围墙等，甚至按萨迦寺住持的吩咐彩绘坛城，以及在萨迦寺住持到曲弥举行法会时，一路上负责保管物品和佛经、佛像等。

正因为萨迦本钦不论大事小事都为帝师和萨迦寺住持效劳，所以《汉藏史集》甚至称"本钦"这个名词是吐蕃人对帝师的近侍

---

[113] 李涵：《蒙古前期的断事官、必阇赤、中书省和燕京行省》，载《元史论集》，人民出版社，1984，第133页。

所起的专门名称。实际上，萨迦本钦是一个很重要的官职，首任本钦释迦桑布得到"等三路军民万户"水晶印，地位在万户之上，元朝在西藏设立乌思藏宣慰司后，有几位本钦还兼任乌思藏宣慰使。"本钦"这个词可能来源于断事官的俗称，《通制条格》所录的元朝圣旨中有："月哥歹皇帝时分，忽都鲁官人抄数了户计……"[114]可见称断事官为官人是蒙古汗国时期的习惯。八思巴在忽必烈身边生活多年，对蒙古的行政官制是熟悉的，因此在设置西藏的职官时，依据西藏的具体情况，参照蒙古诸王驸马投下设断事官"会决庶务"的办法，首先设立了本钦一职，并且沿用断事官的俗称"官人""大官人"，称此职为"本钦"，完全是可能的。

除萨迦本钦外，八思巴设立的另一重要官职是萨迦朗钦，《汉藏史集》和《红史》都列有历任朗钦表，每任一人。《红史》还称之为"朗钦涅巴"，意为"内务大管事"。有的学者认为，"朗钦"一词是吐蕃王朝的"朗论钦波"（内大相）的缩称。吐蕃王朝的内大相主管内政，王朝发给各地官员的文书由内大相签发，敦煌古藏文写卷中的文牍格式地方官员的奏报也是写给内大相的，由此可以推测萨迦朗钦也是主管萨迦政权的内务，发布命令，下情上达，都要通过他。萨迦朗钦有的还兼任元朝的司徒、都元帅的官职，受到敕封，可见元朝对萨迦朗钦这一官职也是很重视的。在朗钦之下，各万户、千户设有朗索一职，成为一个系统。明代藏汉史料中还经常提到朗索这一官职，青海东部地区朗索官职延续到近代，有的朗索成为部落和地区实际上的首领，这正反映了元代萨迦政权在该地的影响。

朗钦以下具体有哪些机构以及它们的职责，因史料缺乏目前还不清楚，但是从绛曲坚赞的自述中知道萨迦有一个议事会，议决各项行政事务，另据觉囊达热那他的《后藏志》记载，江孜法王帕巴贝桑布在任萨迦朗钦之前，曾受命掌管萨迦设立的管理朵甘思地区

---

[114]《通制条格》，黄时鉴点校，浙江古籍出版社，1986，第17页、第27页。

事务的四个勒参（机构）中的夏喀勒参，因而其家族后来被称为夏喀哇家族。[115]这说明萨迦政权设立过一些管理专门事务的机构，这种勒参即清代西藏地方政府的各个勒空（机关）的雏形。

由于萨迦政权是以佛教僧人为最高首领，在行使职权时又与藏传佛教各教派密切相连，而且这种行政体制得到元朝皇室的承认和支持，因此八思巴为便于行使自己的政教管辖权力，创设了一个叫作"拉章"（bla-brang）的机构。拉章由十三种侍从官员组成，这些职位是：一、索本（gsol-dpon），按字面意思，指管理八思巴饮食的侍从官员。二、森本（gzims-dpon），管理卧室和被褥服装的官员。三、却本（mchold-dpon），管理供佛祭神等宗教仪式的官员。四、皆本（mjal-dpon），管理接见招待的官员。五、仲本（drung-dpon），管理文书档案等事务的官员。六、佐本（mdzod-dpon），管理财务的官员，后世称为襄佐（phyag-mdzod）。七、塔本（thab-dpon），管理厨房事务的官员。八、真本（vdren-dpon），负责引见的官员。九、丹本（gdan-dpon），负责安排座次的官员。十、迦本（skya-dpon），管理驮畜、搬迁的官员。十一、达本（rta-dpon），管理乘骑的官员。十二、作本（mdzo-dpon），管理犏牛、奶牛的官员。十三、其本（khyi-dpon），管理狗的官员。[116]

从拉章的组织和执事看，它与元代蒙古诸王的怯薛组织有许多类似之处。事实上，《汉藏史集》提到桑哥在受到忽必烈的任用之前，曾担任过八思巴的速古儿赤，即掌管衣物的怯薛执事，可见八思巴在返回萨迦时，身边的一些侍从执事采用过蒙古怯薛执事的名称。到八思巴创设拉章组织时，依照藏传佛教的具体情况，将这些执事名称改为藏语。因此蒙古怯薛制度与西藏的拉章制度有着某种渊源关系，这是不言自明的。

直到西藏民主改革前，萨迦地方还保留着一片很小的萨迦法王

---

[115] 觉囊达热那他：《后藏志》，西藏人民出版社，1983，第89页。

[116] 阿旺贡噶索南：《萨迦世系史》（第一版），第175页。

管辖区，有一千四百多户差民和十二个庄园，它的管理机构可以说是元代萨迦政权的一个缩影。在萨迦法王之下设有一名佐巴，又称"孝白"（zhabs-pad，与对噶厦噶伦的尊称相同），总管萨迦地方的一切政教事务，这大概相当于元代的萨迦本钦、朗钦，佐巴之下设译仓（秘书处）和聂仓（财务处）。萨迦法王之下另设有拉章，管理萨迦法王的生活用度及财产开支，主持萨迦寺的日常活动。在佐巴系统和拉章系统任职的官员在当地都算是贵族，有官阶品级和官俸、官服，平时官服为蒙古装，遇重大典礼时则着西藏古装。萨迦法王可以娶妻生子，由款氏家族的平措颇章和卓玛颇章两房交替继承，到1959年时已传至第八十二代。[117]

八思巴的弟弟恰那多吉娶阔端之女，受封为白兰王，他回到萨迦后又娶夏鲁万户家的女儿玛久坎卓本为妻，生一遗腹子达玛巴拉。藏文史籍说忽必烈赐给恰那多吉金印，为他设置衙署，是符合他的宗王身份的。后来元朝还封八思巴的侄孙索南桑布（《元史》记作琐南藏卜）为白兰王，他是元朝公主所生，长大后又娶元朝公主而被封王。此后，索南桑布的异母弟贡噶勒贝坚赞也娶元朝公主为妻，受封白兰王，获赐金印，和统领吐蕃三个却喀的诏书。贡噶勒贝坚赞的长子索南洛追坚赞受封帝师，幼子札巴坚赞受封白兰王，置衙署，获赐掌领西土的诏书，直到1376年才去世。关于这几位白兰王，也没有具体掌管西藏政务的记载，看来白兰王"统领吐蕃三个却喀"和"掌领西土"都是属于元朝宗王出镇的性质。按照元朝的制度，出镇各地的宗王对当地有监督权和对大政的最后决定权。元朝在藏族地区封白兰王，原先的用意大约也是如此，这正与元朝在云南设行省、封云南王，并使之与大理段氏政权并存的情形相仿，[118] 也与元朝世代嫁公主于维吾尔族亦都护，并封其为驸马高昌王相似。不过，由于

---

[117] 西藏自治区概况编写组编《西藏自治区概况》，西藏人民出版社，1984，第320-322页。

[118] 方慧：《行省、宗王、段氏并立时期的段元关系——元代云南民族关系研究之二》，《思想战线》1989年第6期。

白兰王与帝师、萨迦寺住持同出于款氏家族和萨迦派，加上白兰王并不掌管军权，所以白兰王对西藏地区的监督权表现得并不明显。

在西藏实施的这种行政体制，即政教合一的萨迦政权管辖十三万户，同时受白兰王和西平王监督，基本上延续到元末。这一体制建立之初就是遵循在元朝中央政府管理下既适应西藏社会特点又尽量与全国行政制度相一致的原则。八思巴去世后，元朝又在西藏增设了乌思藏、纳里速、古鲁孙等三路宣慰使司都元帅府，加强中央政府对西藏的管理。但是八思巴建立的西藏行政体制的主要部分并没有改变，这说明它确实顺应了历史发展的要求，对元朝统一西藏发挥了积极的作用。

6 再到大都 晋封帝师

回大都的路上

1267年夏天,八思巴已完成在西藏建立行政体制的任务,此时忽必烈遣使前来召请,于是八思巴从萨迦动身返回大都。此时,八思巴的西藏政教首领身份使得他此次的出行与二十多年前随伯父萨迦班智达前往凉州时的情况大不相同。萨迦政权机构将此事通告西藏各教派和地方的首领,准备在藏北当雄地方举行隆重的欢送仪式。萨迦本钦释加桑布还带领大批随从护送八思巴经拉萨到当雄。

八思巴的随从人员中,除了他的贴身侍从之外,还有一些是准

藏北当雄念青唐古拉雪山下的草原。八思巴多次经过这里并停留。

备带往朝廷向忽必烈推荐的人才，其中有名闻史册的尼泊尔工匠阿尼哥。阿尼哥随八思巴入朝，是中尼两国人民历史上文化交流的一件大事，也是八思巴礼贤下士、注意延揽人才的一个例证。

像这样设置有衙署、可赠予藏传佛教上层人士各种官衔、出行有大批前导随从的宗教领袖，在藏传佛教史上八思巴当属首位，因此他也遭到一些主张摈弃尘世、潜心修习的僧人的讥讽。当他走到今日喀则西面的纳塘寺时，该寺名叫觉丹热智的高僧献诗嘲讽说："佛陀教法为衙署乌云所遮，众生幸福被官长一手夺去，浊世僧人正贪图官爵富贵，不懂这三条就不是圣者。"

这里的"圣者"指八思巴，因为"八思巴"的意思即"圣者"。八思巴答道："教法有兴衰是佛陀所言，众生的幸福是业缘所定，教化一切要按情势指导，不懂这三条就不是贤者。"这里的"贤者"是指觉丹热智，"觉丹热智"意译为"世尊正理剑"。觉丹热智确实是当时西藏著名的佛教学者，后来他和卫巴·绛曲意希、译师索南俄色、江若·绛曲本等人把当时前后藏和阿里地区能够收集到的藏文佛经和论著收集起来，加以校订，按次序编排，编制了《大藏经目录论典广说》，对保存和发展藏传佛教文化作出了重要贡献。他在政治上是保守的，他要藏传佛教与世俗隔绝的想法在当时是行不通的，也不能代表当时多数佛教上层人士的意见。八思巴批驳了他的责难，提出了按照情势教化众生的思想，代表了当时藏传佛教各派的发展潮流。

八思巴动身后不久，从萨迦传来噩耗：他的弟弟白兰王恰那多吉于七月初二在贝康森康去世，年仅二十九岁。八思巴与恰那多吉一母所生，从童年起又一同随伯父到凉州，在内地生活多年，他们手足情深，非他人可比。因此八思巴途中又折回萨迦，亲自主持在曲弥的穹科寺举行的超度法会。尽管当时八思巴的心情十分悲痛，但是他并没有因此而放弃大都之行，料理完后事又毅然启程，于十一月中旬到达藏北当雄。

尽管时令已是冬季，西藏各教派的首领仍然聚集到当雄为八思

萨迦派寺庙中的八思巴塑像

巴送行。《雅隆觉卧教法史》记载："当喇嘛八思巴前去朝廷时，前藏的所有高僧大德都到当雄地方去会见。他与（吉浦寺）拉仁波且多次交谈，心中非常欢喜，并说：'前藏的其他仁波且请从当雄返回，请拉仁波且再送我一程。'于是一同前往夏颇。"[119] 这里的拉仁波且是指噶当派的吉浦寺第四任堪布拉·札喀哇（1250—1286），他出身于吐蕃赞普后裔的雅隆觉卧家族，从他的伯祖父拉·隆格旺秋开始，噶当派的怯喀寺、吉浦寺的堪布都由其家族成员担任。他的伯父拉卓微衮波任堪布时，曾掌管着拉萨东南部工布、塔布一带的几十座寺庙及寺属农奴，13世纪初在噶当派中形成一个与雅隆觉卧地方势力关系密切的寺院集团，该集团的管辖范围东西距离达400公里，

---

[119] 释迦仁钦岱：《雅隆觉卧教法史》，四川民族出版社，1988，第110-111页。

由他指派这些寺庙的管事。

一位宗教领袖前往内地朝廷时，西藏各教派首领和高僧聚集起来为其送行，像这样的事在西藏历史上还是首次。藏传佛教的高僧特别看重身份的高低和会见时的礼仪，特别是不同教派首领的会见，往往会因为坐垫的高低、摆放的位置等细节发生争执。八思巴动身去大都时各教派首领聚集到当雄送行，这本身也说明了他当时的崇高威望和受到各派僧人拥戴的教主地位。

有意思的是，后来办事注重成规的格鲁派的领袖们也仿照八思巴的规制办理。清顺治九年（1652）正月五世达赖喇嘛动身到北京朝觐顺治皇帝时，西藏各地的僧俗首领也聚集在当雄送行，当时四世班禅已八十二岁，仍与咱雅班智达一起从日喀则赶到当雄送行，与五世达赖喇嘛共住七天。1779年六世班禅从日喀则动身到北京朝觐乾隆皇帝时，八世达赖喇嘛和驻藏大臣等僧俗官员也聚集在当雄送行，八世达赖喇嘛还陪六世班禅同行八天。这些事例也印证了八思巴当时在西藏拥有与后来的五世达赖喇嘛、六世班禅相当的威望和地位。

不仅各教派的首领和高僧赶到当雄为八思巴送行，还有一些虔诚学佛的普通僧人也赶到当雄来拜见，与八思巴学习和研讨佛法。当时有一位六十一岁的噶当派僧人南喀本赶到当雄，在八思巴的住处待了七天，他写了一篇《记法王八思巴的一些奇异事迹的传记》，《萨迦世系史》将其全文收入，南喀本的记述详细、生动地反映了八思巴在途中的生活情况。南喀本和八思巴分别半个月后，为了保留与八思巴会见情形的清晰记忆，写了这篇传记，详细记述了八思巴和他交往的经过。这篇记述在各派僧人中流传很广，对提高八思巴在各派僧人中的威望起到良好作用。

据南喀本的叙述，八思巴当年十一月十五日到达当雄，二十六日离开，停留十一天。白天人多，八思巴不得空闲，所以南喀本与八思巴的接触大多是在夜间。八思巴虽是萨迦派的教主，但他每天晚上和噶当、达垅噶举等教派的僧人一起做静虑、随诵等法事，并为许多人传授灌顶。八思巴还利用与噶当派僧人接触的机会，详细询问噶当派阿底峡师徒、朗日塘巴、夏热哇、乃邬素巴、甲域哇等高僧的法行、功德、享寿、名号等情况。

噶当派是藏传佛教后弘期形成较早的一个大教派，内部名僧辈出，支系繁多，情况复杂。噶当派虽然没有形成大的政治势力，但它的教义源于11世纪到西藏弘法的印度高僧阿底峡大师，主张以显宗修习为主，但也不排斥密宗，噶当派的典籍《噶当六论》对藏传佛教各派都有重要影响。

八思巴不抱门户之见，通过噶当派人士详细了解噶当派各支系的情况，无异于实地调查研究。他不计较地位悬殊，与南喀本讨论佛教教义相关问题，这种虚心好学、诲人不倦的态度给南喀本留下了极深的印象。

从南喀本的记述看，八思巴待人接物的一个最显著特点是细心诚恳，不让对方感到拘束。他在给南喀本传授灌顶时，先派侍从征求南喀本的意见，是单独进行还是与别的僧人一起进行。在为南喀本传授教法后，八思巴脱下自己的法衣送给他，并说："把它送给你，这是你修上师瑜伽法将获得成就的标志。"第二天南喀本上路时，八思巴又送给他一件新法衣，让他在路上穿，并送给他带全套鞍具的乘马。八思巴也亲自安排南喀本的吃住问题，晚上谈论佛法后，八思巴让南喀本睡在自己的铺上。南喀本提到他师父写给八思巴的信还没有得到回信，八思巴就立即写好回复，并答应从汉地给他们带来全套经典。这些都使南喀本十分感动，在分别时不愿离开，禁不住流下了眼泪。[120]八思巴当时已贵为国师，这种平易近人的态度是十分难能可贵的。

南喀本还提到，八思巴在夜间召集随同他去汉地的高僧和官员，发放供养，并为他们讲解去汉地的走法、饮食的吃法、举行佛事的仪轨等各种问题，这说明随八思巴去大都的不仅有僧人，也有

---

[120]　阿旺贡噶索南：《萨迦世系史》（第一版），第175-184页。

俗官,而且有许多人是第一次到汉地。八思巴把他们带到汉地,并且推荐僧俗人员到朝廷供职,这对促进民族间的交流和了解,具有积极意义。

兴建萨迦南寺

八思巴1267年在去大都的途中,还在拉萨作出了一个重要的决定,即兴建萨迦大殿(亦称"萨迦南寺")。

关于萨迦大殿的兴建过程,《汉藏史集》的记载较为详细:"萨迦最早的本钦为释迦桑布。在法主萨迦班智达六十三岁的阳木龙年时,蒙古大王阔端派金字使臣多达室利前来迎请他去凉州幻化寺宫殿,萨迦班智达动身前往时,任命释迦桑布为萨迦的总管事(细干巴),并让除了上师伍由巴和夏尔巴·意希迥乃以外的所有高僧大德都向他礼拜。上师八思巴之时,依薛禅皇帝的圣旨,赐给他

萨迦南寺

三路军民万户的名号和印章，任命他为乌思藏的本钦，他修建了康萨钦莫佛殿。阴火龙年（应为阴火兔年，即1267年，藏历无阴火龙年——笔者注），朝廷派人来迎请上师八思巴，八思巴动身前往时，本钦也去了。他们师徒一行到达（拉萨）杰日拉康的那天晚上，上师说：'其人必有能干之侍从，才能修建起这一座佛殿来。'本钦在上师身后听见了这话，趁上师高兴，就请求修建一座能把杰日拉康从天窗中装进去的佛殿。由于不断请求，最终上师同意了。本钦立即进行了测量，把图纸带回萨迦，向当雄蒙古以上的乌思藏地方各个万户和千户府发布命令，征调人力。于次年为萨迦大殿奠基，还修建了里面的围墙、角楼和殿墙等。当时，为了管理乌思地方的弟子们，专门委派贡噶杰波管理白蔡、噶莫仲、朗蔡等地方。在运来了修建萨迦大殿的木料等材料，架好了底层的房梁时，（释迦桑布）在本钦的任上在萨迦去世。"[121]

这段记载主要是讲释迦桑布与兴建萨迦大殿的关系，但是从这段记载里我们仍然可以看到八思巴对修建萨迦大殿所起的决定性作用。

萨迦寺始建于1073年，以后陆续扩建，但建筑范围都在仲曲河北岸本波日山的南山坡上，与当时西藏其他教派的大寺院并没有多大的差别。八思巴追随忽必烈到蒙古和汉地以后，曾多次将忽必烈等蒙古贵族赐给的财宝运回萨迦，用来扩建萨迦北寺。1265年八思巴回到萨迦，建立西藏地方的行政体制，实际上也是建立政教合一的管理前后藏地区的萨迦地方政权。这就遇到了为这一政权选择和修建一座首邑的问题。

在地点的选择上，从教派的观念以及萨迦派人士掌管政权的原则，当然最好是修建在萨迦派的发祥地萨迦。但是从地理位置、交通、气候、经济等因素考虑，萨迦不太适合，即使在后藏地区，萨迦也是地处偏远，交通不便。从八思巴在拉萨所写的赞颂吐蕃王朝的

---

[121] 达仓宗巴·班觉桑布：《汉藏史集》（第一版），第357-358页。

诗作看，他似乎考虑过将首邑设在吐蕃王朝的都城拉萨，但是从教派势力分布状况考虑，又决定放弃。八思巴让其弟恰那多吉与夏鲁万户联姻，可能也考虑到在后藏的中心今日喀则附近建立首邑的可能性。在建筑形式上，是修建一座城镇还是一座大寺院，也面临着选择。吐蕃王朝的首邑拉萨基本上是城镇，但吐蕃王朝崩溃后各派势力的中心都是寺院，当时西藏普遍的观念都是以修建寺院为最高尚、最有号召力，但是八思巴在汉地生活多年，也会想到修建城堡的问题。

在八思巴动身回朝廷时，他对首邑的地点和形式都还没有作出决断，但是当他走到拉萨时，因恰那多吉的去世以及释迦桑布等萨迦派上层人士的意见，八思巴终于决定将首邑定在萨迦，在建筑形式上，则选择了城镇与寺院结合的外形为城堡、中心为佛殿的设计，因而使萨迦南寺在建筑上具有自己独特的风格，不同于以往西藏的任何佛教寺院建筑。

释迦桑布为萨迦大殿打好了基础，在即将上梁时去世，之后萨迦南寺的修建由历任本钦负责，第二任本钦贡噶桑布任职六年，"在这期间建成了萨迦大殿的底层、顶层、外围墙和内围墙，建了黄金制成的屋脊宝瓶，还建了纪念萨迦班智达的观音菩萨镀金像，并完成了大殿回廊的绘画。他还管理修建仁钦岗拉章、大屋顶北殿、拉康拉章的事务"。在著名的阿迦仑任本钦时，"修建了萨迦大殿的柽柳女墙，并按照上师达尼钦波桑波贝的意愿和吩咐，在天窗八柱、大殿顶层等处彩绘了形式不同的内外坛城六百三十九座。在阴木羊年（1295）修建了萨迦大殿外面的大围墙，还修建了纪念上师八思巴、达玛巴拉的佛塔的金顶和水晶顶，并修建了本波日山上的围墙，还兴建了觉莫林（尼姑庙）"。也就是说，萨迦南寺的兴建动用了前后藏的人力物力，经过二十多年的努力才最终完成。

萨迦南寺坐落在仲曲河南面的平滩上，与萨迦北寺隔河相望，这本身就有南寺与北寺并非一体的寓意。萨迦南寺是一座城堡式的宏大建筑群，平面呈方形，总面积达14760平方米。四周修有坚固

萨迦南寺大门

的围墙，全部用灰土版筑而成，墙面涂有红、蓝、白三色条纹为饰，此乃萨迦派寺院的标志。围墙外面修有一圈方形的低矮土城——羊马城，羊马城四角建有角楼，四面中间又有一座突出的碉楼，类似汉地的城墙。羊马城之外还有一道石砌的堑壕，相当于护城河。据记载，以前围墙上还建有箭垛，供防御之用。南寺只有向东的大门，门上建有高大的碉楼，门洞很深，内有闸门，门道狭窄，呈丁字形，城门孔道的顶部开有坠洞数处，可以从中投下烟灰、石块等物，阻止敌人的攻击。

在两道围墙之内，是一周两层的建筑，形如四合院，中心有铺石庭院，竖有数丈高的幡杆。主体建筑大经堂坐西向东，面积5775平方米，四周是高16米的版筑殿墙，墙厚3.5米。大殿由四十根巨大的木柱支撑，其中前排中间的四根柱子被称为四大名柱，即薛禅皇帝柱（相传为忽必烈所赐）、猛虎柱（相传由一只猛虎负载而来）、

萨迦南寺北佛殿的坛城壁画

萨迦南寺南佛殿中的释迦牟尼塑像 　　萨迦南寺南佛殿中的文殊菩萨塑像

野牛柱（相传由一头野牛负载而来）、墨血柱（相传伐树时树干流出乌血，故名）。实际上，这些巨大的柱子是从萨迦以南定结县的陈塘运送来的。在萨迦寺内有两幅壁画反映了当初修建萨迦寺运送木材的场面，主要有三种运输方式：第一种是用人工抬，根据木材的重量由六至十人一起抬一根木头；第二种是用人工拖，给木材装上四个轮子，由七八个人在前面拖；第三种是用牦牛驮。从这些场面可以想见当时运送木材是相当艰难的。萨迦大殿中塑有巨大的释迦牟尼像和文殊菩萨、金刚手菩萨坐像，十一面观音立像，这些塑像都有巨大的镀金铜背光，图案精美，金碧辉煌。殿内排列坐褥，为僧人诵经聚会之处。底层北侧是欧东拉康，内供萨迦历代法王的灵塔十一座，泥塑佛塔六座。南侧为浦康，是修习密宗金刚橛教法的处所。顶层西面和南面为大型回廊，绘有萨迦历辈祖师像及大型彩绘坛城，东面为萨迦派后期的平措颇章的灵塔殿和卓玛颇章的灵塔殿。在南面的内外围墙之间建有拉康拉章，是一处单独的院落，相传其原先的建筑形制为三楼一顶，高度与大殿几乎相等，是八思巴返回萨迦居住的地方，现已修复一新。

在兴建萨迦南寺的同时，萨迦北寺也得到大规模的扩建，除原有的乌则宁玛殿、乌则萨玛殿、细脱拉章外，新建了仁钦岗拉章和都却拉章，且具有相当的规模。本钦阿迦仑修建本波日山上的围墙时，萨迦寺的建筑发展到顶峰，成为拥有多座殿堂、数道围墙的巨大建筑群。

八思巴决定兴建萨迦南寺，不仅有利于萨迦派的发展壮大，而且具有重要的政治意义。它是萨迦地方政权建立的标志，通过向十三万户征派物资、劳役显示其在朝廷的支持下所取得的权威地位。

献蒙古新字

八思巴一行经过一年多的长途跋涉，在1268年底或1269年初抵达大都,受到隆重欢迎。《拔思发行状》记载:"甲戌,师年三十六岁,时至元十一年(作者王磐将八思巴生年误为1239年,故记年有误,此年应为至元六年——笔者注),皇上专使召之。岁杪抵京,王公宰辅士庶离城一舍,结大香坛,设大净供,香华幢盖,天乐仙音,罗拜迎之。所经衢陌,皆经五彩,翼其两旁。万众瞻礼,若一佛出世。"《萨迦世系史》则记载:"当八思巴到达朝廷时,大皇帝的代摄国政的长子真金[122]、后妃、大臣等众人前来迎接,仪仗有背上安设珍宝璎珞装饰宝座的印度大象,飘扬着珍贵锦缎缨穗的伞盖和经幡、旌旗以及盛大的鼓乐,用大供养迎入宫中,请教各种博大精深的教法,使佛法犹如明月在莲园中升起。"[123]

不过,八思巴再次抵达大都后首先做的并不是讲授佛法,而是进献他奉命创制的蒙古新字(即后来通常所说的八思巴字)。在成吉思汗建立蒙古汗国前,蒙古人还没有文字,在早期的放牧和征战生活中,蒙古贵族首领很少感到使用文字的迫切需要,"凡发命令,遣使往来,止是刻指以记之"。1204年,成吉思汗灭乃蛮部塔阳汗时,俘获了为塔阳汗掌印的畏兀人塔塔统阿,才知道出纳钱谷、委任官员以印信为验的用途,也发现了文字在处理军国重事中的功效,于是命塔塔统阿教太子诸王以畏兀字书国言,[124]也就是用畏兀文字母拼写蒙古语。这只是一种记音符号,很不完整。从成吉思汗到窝阔台、贵由、蒙哥汗时期,随着灭金、西征等战争的扩大,蒙古在与中亚各国交往中使用过波斯文(回回字),在与金、宋交往中使用过汉文。窝阔台时期,出使蒙古的南宋使臣徐霆在提到当时蒙古使用文字的情况时说:"霆尝考之,鞑人本无字书,然今之所用则有三种:行于鞑人本国者,则只用小木,长三四寸,刻之四角。

---

[122] 中统三年,真金被封为燕王,领中书省事、守中书令。中统四年,兼判枢密院事。至元初,省臣奏请燕王署敕,每月必再至中书,也即皇帝诏敕上署名。藏文史集所说代摄国政,当即指此。

[123] 阿旺贡噶索南:《萨迦世系史》(第一版),第212页。

[124] 《元史》卷一二四《塔塔统阿传》。

如差十马，则刻十刻，大率只刻其数也。其俗淳而心专，故言语不差，其法说谎者死，故莫敢诈伪，虽无文字，自可立国。此小木即古木契也。行于回回者则用回回字，镇海主之……行于汉人、契丹、女真诸亡国者，只用汉字，移剌楚材主之。"[125] 可见，除回回字、汉字外，当时蒙古汗国的一些地区还使用畏兀字、西夏字等。

忽必烈即位之前，曾用汉族儒士掌管过书记。忽必烈即位后，祖述变通，参用汉法，建立各项制度，更深感创制蒙古文字的必要。但是忽必烈没有像辽和西夏，用汉字偏旁来构组蒙古文，也没有在畏兀字拼记蒙古语的基础上将其改进完善为蒙古文，而是把这个任务交给了八思巴。这一方面可能是出于宗教信仰的原因；另一方面可能是蒙宋对立，加上中亚诸王不承认忽必烈的整个蒙古汗国的大汗地位，为向南宋及西方诸汗显示自己的崇高地位，在文字上就需要一种与以前蒙古汗国使用过的几种文字都不相同的新字。忽必烈可能还要求这种蒙古新字字母可以用来拼写其统治下的各民族语言，这更增加了创制蒙古新字的难度。

八思巴受命之后，经过几年的探索和试验，最后在藏文字母的基础上，创制出一套方形竖写的拼音字母。八思巴在蒙古宫廷生活多年，懂得蒙古语，又利用藏族学者掌握的语言学知识，对用这一套字母拼写蒙古语作了一些拼写和文法上的规定，将这一套方案呈献给忽必烈。《萨迦世系史》记载，八思巴呈献的字样是用蒙古新字书写的一份优礼僧人诏书。[126] 可见这种蒙古新字在呈献时已达到可以使用的程度。

至元六年（1269）二月，忽必烈下诏颁行蒙古新字于全国，诏书中说："朕惟字以书言，言以纪事，此古今之通制。我国家肇基朔方，俗尚简古，未遑制作，凡施用文字，因用汉楷及畏吾字，以达本朝之言。考诸辽、金以及遐方诸国，例各有字，今文治浸兴，而字书

---

[125]　彭大雅：《黑鞑事略》（第三辑），徐霆疏证，中华书局，1985。

[126]　阿旺贡噶索南：《萨迦世系史》（第一版），第172页。

本书作者在日喀则档案馆观看用八思巴文书写的诏书。

有阙,于一代制度,实为未备。故特命国师八思巴创为蒙古新字,译写一切文字,期于顺言达事而已。自今以往,凡有玺书颁降者,并用蒙古新字,仍各以其国字副之。"[127] 由此可见,忽必烈是把八思巴创制蒙古新字当作弥补元朝"一代制度"中一个重要缺陷,并作为对树立和维系元朝的大一统有重要作用的大事来看待的。

这份诏书虽然颁布于 1269 年,但是并不表明八思巴创制蒙古新字开始于 1269 年,因为从诏书颁降时起,忽必烈就要求用蒙古新字来书写诏书公文,而这一点只有在经过多年的反复试验并形成一套比较完整的方案的情况下才能够办到。从诏书中提到"特命国师八思巴创为蒙古新字"来看,八思巴创制蒙古新字当是从 1260 年底受封为国师后就已开始。中间八思巴奉命从大都返回西藏萨迦,主持建立西藏的行政制度,然后在 1268 年底返回大都时进献蒙古新字,可以说八思巴创制蒙古新字用了约八年的时间。

---

[127]《元史》卷二百二《释老传》。

八思巴创制蒙古新字的详细经过，今人已难以知晓，但是以八年时间创制一种能够拼写蒙古语言并且能够译写"一切文字"的新文字，实在不是一件轻而易举的事。八思巴能够完成这一工作，显然是利用了藏族学者以印度文字的字母为基础创制藏文的经验和以藏文字母转写梵文经典的经验。八思巴1265年回到萨迦寺时，命其侍从弟子多麦巴•罗追杰波和译师雄敦•多吉坚赞等人到尼泊尔去学习梵文声明学、诗词学、戏剧等，并且命令萨迦本钦释迦桑布提供经费帮助。雄敦译师学习归来后翻译了《旃陀罗波字经》及其注释，以及《语门遍入》《语法论•格助词品》《诗镜》《佛本生记•如意宝树》等经论和梵剧剧本《龙喜记》。[128] 1267年，八思巴从西藏动身返回大都时，在他的随行队伍中集合了一批懂得多种语文的译师，他们中的一些人大概就是八思巴创制蒙古新字的主要助手和实际工作者。

对于他们的情况，我们只能从史籍的零星记载中窥见其大略。他们当中除雄敦译师等人以外，还有桑哥（sang-gha），藏文史籍说桑哥出身于甘青藏区的噶玛洛部落，桑哥精通多种语言，担任译吏，后来在汉藏交界处得遇过路的八思巴，受八思巴赏识，被带回萨迦寺。因八思巴的推荐，桑哥受到忽必烈的宠信，留在朝廷当官，[129]被提升为总制院使，曾率兵入藏平乱。1287年桑哥被忽必烈任命为"尚书右丞相，兼总制院使，领功德使司事，进阶金紫光禄大夫"，是历史上唯一在中央王朝担任过宰相职务的藏族人士。

叶辇国师湛阳宜思，他可能是《红史》所记载的八思巴三大弟子中夏尔拉章喇嘛益西坚赞，随八思巴入朝后曾任忽必烈和皇子芒噶拉的宗教上师。他后来参加过1285年开始的藏汉佛教大藏经的校勘工作，《至元法宝勘同总录》就称他为"西番扮底答帝师拔合

---

[128] 恰白•次旦平措、诺章•吴坚、平措次仁：《西藏通史——松石宝串》，陈庆英等译，西藏社会科学院、《中国西藏》杂志社、西藏古籍出版社联合出版，1996，第382页、第387-388页。

[129] 达仓宗巴•班觉桑布：《汉藏史集》（第一版），第288-289页。

思八高弟叶辇国师湛阳宜思"。[130]

沙罗巴,河西秦州人,其父祖都是当地的佛教译师,当是精通汉藏语文的藏族人士。他幼年随八思巴到萨迦学习,成为八思巴的弟子,十二三岁又随八思巴到大都。后来沙罗巴在元朝供职,曾任江浙等处释教都总统,以翻译汉藏佛教典籍著名。沙罗巴的事例说明,在八思巴的身边,有一批学习汉藏蒙古语文、准备从事翻译和语文工作的青少年。同时,沙罗巴的父亲也可能是随八思巴到大都的藏族译师之一。

阿鲁浑萨里,畏兀人,其父乞台萨里精通佛教,曾任释教都总统、同知总制院事。《乞台萨里神道碑》记载:"阿鲁浑萨里又从国师八思巴学密乘,不数月尽通其书,旁达诸国及汉语。世祖知其材,俾习汉文书领之,遂通诸经史百家,若阴阳历数图纬方技之说,靡不精诣。会国师西还,携与俱。岁余乞归省,师送之曰,'以汝之学,非为我佛弟子者,我敢受汝拜耶?勉事圣君。'比至阙,师已上书荐之裕宗。"后来阿鲁浑萨里任集贤馆学士,兼太史院事,并在桑哥担任元世祖忽必烈的宰相时与其同任宰相。桑哥败后,阿鲁浑萨里虽受牵连而被罢相,但是仍受忽必烈信任,到元成宗时再度出任宰相。[131]

除此之外,八思巴所交往的人士中还有不少汉地的文人和学问僧。例如在《萨迦五祖全集》中记载的汉族僧人一讲主(yi-gyangy-ju),即四川汉僧元一。该书记载:"蜀僧元一游西天回,朝帝,帝问云,西天有佛么,奏云,当今东土生民主,何异西天悉达多。元一以西天琢成玉石佛像献帝,帝宝之,于万山供养。元一以西天贝多叶经献帝,帝储以七宝函,严加信仰。"可见他是一个到过印度的汉僧,并对用梵文写成的贝叶经有了解。元一还曾经和忽必烈、八

---

[130] 苏晋仁:《藏汉文化交流的历史丰碑——纪念元代初期藏汉文化合作700周年》,载《藏族史论文集》,四川民族出版社,1988,第215-216页。

[131] 念常:《佛祖历代通载》,广陵古籍刻印社,1993,第419页。

思巴在一起讲法,《佛祖历代通载》记载:"帝与帝师坐次,一兀二僧侍侧,帝云:'何不游戏三昧?'兀以一年小,云:'从小至大为次。'一遂云:'海青身至小,天鹅身至大,海青彻天飞,天鹅生惧怕。'兀云:'猪豚身至小,象王身至大,象见豚来欺,掷向大千界。'帝师云:'我以大千界,化为一釜瓮,煮尔四件物,大小都容了。'帝大悦。"[132] 如果这一记载属实,可见在忽必烈和八思巴的日常交谈中,蒙、藏、汉语文的翻译达到了十分快捷和准确的水平。

法闻,陕西人,俗姓严,幼年出家,"从大德温公学法华、般若、唯识、因明及四分律。温以公任重道远,克振吾宗,托以弘传之寄。尝对佛像灼肌燃指,庸表克诚,刺血书经,以彰重法。遂隐于台山,不逾阃者六载。读藏教五千卷者三番,是以业进行修,身藏名著。帝师亦怜,命公讲说般若,指授因明之要。因顾其徒曰,孰谓汉地乃有此僧耶?!"[133] 八思巴兄弟能够与汉僧讲论般若、因明之学,亦可见当时汉藏语文的翻译水平。

从以上史料看,八思巴创制蒙古新字并不是他独自一人完成的,而是有藏、汉、维吾尔、蒙古等民族的学者,甚至可能有印度、尼泊尔学者参加。其创制的过程也不是短时间的突击之作,很可能是在忽必烈的统一布置和安排下,各族学者长期配合和分工协作才取得的成果。八思巴和他的藏族弟子们在这一文化工程中起主要作用。

八思巴字创制后,忽必烈多次以行政命令推行。《元史》记载,至元六年七月,"立诸路蒙古字学"。至元七年四月,"设诸路蒙古字学教授"。至元八年十二月,"诏天下兴起国字学"。对于推行八思巴字所遇到的阻力,元朝也以行政命令加以排除。至元九年七月,"和礼霍孙奏:'蒙古字设国子学,而汉官子弟未有学者,以官府文移犹有畏吾字。'诏自今凡诏令并以蒙古字行,仍遣百官子弟入学"。至元十二年三月,"从王磐、窦默等请,分置翰林院,专掌

---

[132] 念常:《佛祖历代通载》,第 409 页。

[133] 同上书,第 425 页。

蒙古文字，以翰林学士承旨撒的迷底里主之"。至元十五年七月，"诏虎符旧用畏吾字，今易以国字"。至元二十一年五月，"敕中书省：'奏目及言册，皆不许用畏吾字，其宣命、札付并用蒙古字书。'"

在忽必烈的坚持推行下，八思巴字在元代得到广泛使用。元末明初人叶子奇所著《草木子》记载："元朝一品衙门用三台金印，二品三品用两台银印，其余大小衙门印，虽大小不同，皆用铜。其印文皆用八思麻帝师所制蒙古字书。"又称："元朝止行钞法而不铸钱，独至大官里行至大二等钱，当五以蒙古字书，小钱以楷书。"近年青海等地发现的元朝中统宝钞、贵州发现的牌符和西藏档案馆所藏元代文书，也使用八思巴字。由此可见从忽必烈时期开始，元朝的诏旨、公文、印章、牌符、钱币等确实广泛使用八思巴字。由于它在官方文字中广泛使用，所以八思巴字又被称为"国字"。在《八史经籍志》中记载，元代曾用八思巴字蒙文刻印《蒙古字孝经》《大学衍义择文》《忠经》《蒙古字百家姓》《蒙古字训》等书籍。此外，在居庸关、浚州天宁寺等地的碑刻上，也能见到八思巴字。在德国柏林人类学博物馆中，还藏有用八思巴字蒙文翻译的《萨迦格言》印本的片段。

八思巴创制的蒙古新字，是以藏文字母为基础，结合了汉文、蒙古文、维吾尔文的书写习惯，并考虑了汉语、蒙古语、维吾尔语的语音特点，因此在创制后达到了可以使用的程度，并基本上实现了译写各族文字的目的。

关于八思巴字与汉文的关系，由于八思巴字也用来拼写汉文，因此可以说它是第一次用一套拼音字母来记写汉文的尝试，在汉文发展史上具有重要意义。元朝人盛熙明所著《法书考》中书写了41个方形八思巴字母，以汉字注音，并记录了用八思巴字拼写汉文"天、地、人、东、西、南、北"等字的实例，其中用来记汉语"法"四十一音，后来又为藏文所使用。近代学者创制汉语注音字母时，首先采用的是方形字母，而不是拉丁字母，可能受到用八思巴字拼写汉文的启发。

藏于萨迦寺的"中统元宝交钞"。"中统元宝交钞"是中国现存最早的由官方正式印刷发行的纸币实物。刻版印刷时间为元代中统元年（1260）的忽必烈时代。

关于八思巴字与藏文的关系，《元史·释老传》记载："其字仅千余，其母凡四十有一。其相关纽而成字者，则有韵关之法；其以二合三合四合而成字者，则有语韵之法；而大要则以谐声为宗也。"八思巴字的四十一个字母，按《法书考》所记，其实就是藏文的三十个字母（每个字母带元音a），加上i、u、e、o等四个元音，加上拼写蒙古语所用的七个字母；拼写汉文则去掉汉语没有的三个字母，增加四个字母。由此可见不论拼写蒙古语还是汉语，其字母都是以藏文三十个字母和四个元音为基础增减。所谓相关纽而成字，即藏文辅音与元音拼合的方法，所谓二合三合四合而成字，即类似于藏文辅音前缀（前加字、上加字、下加字）及辅音后缀（后加字、再后加字）的拼读法。因此它的拼音方法也是以藏文为基础。用八思巴字来书写藏文，实际上只是字母形状不同，改横写为竖写，比较容易还原为藏文。这与近代语言文字学家为印刷方便而制定的各种藏文拉丁转写方案的原理是相同的，只是所用字母不同，八思

始建于元末至正年间的北京居庸关云台上雕有用八思巴文刻写的经文咒语。

巴字用竖写以及元音为 a 时不将元音标出。如此，藏族学者把八思巴字当作藏文的一种美术体，书写八思巴字成为藏文书法的内容之一。由于八思巴字"字势方古严重"，给人以庄重大方的感觉，所以从元代到清代，藏族和蒙古族地区的领袖人物的印章上仍然用八思巴字。通常这种镌刻八思巴字的印章，总是盖在公文和庄严的文件上面。在西藏、康区、安多以及蒙古，藏传佛教寺院的门楣上也常能见到用八思巴字刻写的祈愿词句。现今中国和蒙古人民共和国出版的有些书籍，还把八思巴字作为书籍封面封底的装饰图案。

晋封为帝师

《元史·释老传》记载,八思巴献蒙古新字,忽必烈下诏颁行后,"遂升号八思巴曰大宝法王,更赐玉印"。"十六年,八思巴卒,讣闻,赙赠有加,赐号皇天之下一人之上宣文辅治大圣至德普觉真智佑国如意大宝法王、西天佛子、大元帝师。"由此,一些学者认为,八思巴生前的封号是大宝法王,帝师是他去世后追封的封号。《拔思发行状》则称,八思巴的封号为"皇天之下一人之上开教宣文辅治大圣至德普觉真智佑国如意大宝法王、西天佛子、大元帝师班弥怛拔思发",且认为八思巴受封帝师的年代为"庚午,师年三十一岁,时至元七年,诏制大元国字。师独运摹画,作成称旨,即颁行。朝省郡县遵用,迄为一代典章。升号帝师大宝法王,更赐玉印,统领诸国释教"。《辍耕录》记载,八思巴的法号为"皇天之下一人之上开教宣文辅治大圣至德普觉真智佑国如意大宝法王、西天佛子、大元帝师板的达巴思八八合失",但是未记受封的年代。《元史·世祖本纪》至元七年未记八思巴受封帝师之事,但是在至元十一年(1274)三月记载:"帝师八合思八归土番国,以其弟亦邻真袭位。"所以八思巴究竟何时受封帝师,在汉文史料中还不明确。

藏文《萨迦世系史》记载:"其后,八思巴到达朝廷后,在他三十六岁的阳铁马年(1270),当皇帝再次请求八思巴传授灌顶之时,改西夏甲郭王的玉印为六棱玉印,连同封诰一并赐给,封八思巴为'皇天之下,大地之上,西天佛子,化身佛陀,创制文字,辅治国政,五明班智达八思巴帝师'。所奉献大供养为白银一千大锭、绸缎五万九千匹。"[134] 以此可证实八思巴受封帝师是在1270年。1270年,八思巴的弟子、四川汉族僧人元一完成佛教经藏的刻印时,八思巴为之题写赞语:"蒙古之主自太祖起,第五传为具足功德之皇帝汗,其在位时之至元七年,法主萨迦巴所传八思巴帝师之弟子、生于四

---

[134] 阿旺贡噶索南:《萨迦世系史》(第一版),第212页。

川地方之一讲主，悉心学习佛法，对汉地、吐蕃、尼泊尔、印度等地区之圣地及学者生起正见，从彼等处获受恩德，思有以报答，乃将佛法经论刻印完毕，成就一大善业。愿因此善德使教法遍弘、佛陀之意愿成就、皇帝陛下长寿、依教法护持国政、国土清净安乐。此文乃因一讲主一再劝请，比丘八思巴为善业之故写成。愿各方一切吉祥！"[135] 这是我们所能见到的八思巴著作中唯一一次称自己为帝师的记录，说明他在至元七年已有帝师的封号。另外，八思巴的弟子胆巴在至元七年冬至后二日为八思巴奉诏撰写的《根本说一切有部出家授近圆羯磨仪范》序文中称："爰有洞达五明法王大士萨思迦扮底达名称著闻，上足苾刍发思巴，乃吾门法王，大元帝师，道德恢隆，行位叵测，授兹仪轨，衍行中原。"[136] 因此也可以确定八思巴受封为"大元帝师"是在至元七年（1270），而不是在去世后追封为帝师的。

关于八思巴的封号，比较汉藏文史料所记，还有一处重要的差异，即汉文史料认为八思巴的封号中有"大宝法王"一词，而且明代封噶玛噶举派黑帽系活佛为大宝法王，但是藏文史料关于八思巴的称号中却从来不见"大宝法王"的称号，通常称八思巴为卓衮却杰（vgro-mgon-chos-rje，意为"众生依怙法王"）。究竟是卓衮却杰（相当于"大宝法王"），还是如藏文史料所记八思巴去世后元朝加赠封号时加上了"大宝法王"一词，后来的帝师都没有"大宝法王"的称号，"大宝法王"一词在藏文史料中缺载，因此这一问题还需要继续研究。

忽必烈1270年封八思巴为帝师，与他命八思巴创制蒙古新字一样，也是为正式建立新朝所做的准备工作的一部分。忽必烈深知，要灭南宋统一海内，除了依靠军事力量和政治力量外，还要依靠精神力量。在精神思想方面，除了宣布自己"诞膺景命，奄四海以宅尊；必有美名，绍百王而纪统"（《建国号诏》)，即继承中原历朝的正统外，他主要是依靠佛教的护佑。所以，忽必烈在准备将国号从蒙古国

---

[135] 《萨迦五祖全集》，中国藏学出版社，2015，第525-526页。

[136] 念常：《佛祖历代通载》卷三十二。

改为大元，自己由蒙古大汗变为元朝皇帝时，也将八思巴由"国师"升号为"帝师"。

帝师的地位在八思巴的封号中说得很清楚："皇天之下一人之上"，也就是说帝师是天下独尊的皇帝在宗教上的老师。为给设置这一职务寻找依据，元代僧人也在中原帝王中寻找先例，《敕建帝师殿碑》记载："古之君天下者皆有师，惟其道之所存，不以类也。故赵以图澄为师，秦以罗什为师。夫二君之师其人也，以其智足以图国，言足以兴邦，德足以范世，道足以参天地赞化育，故尊而事之，非以方便而然也。"君天下者皆有师，忽必烈尊八思巴为帝师，是为他"君天下"的目的服务的。该碑又记载："世祖皇帝，旧神武之威，致混一之绩。思所以去杀胜残跻生民于仁寿者，莫大释氏，故崇其教以敦其化本。以帝师拔思发有圣人之道，屈万乘之尊，尽师敬之节，咨诹至道之要，以施于仁政。是以德加于四海，泽洽于无外。"[137]更清楚地说明忽必烈是为了统治天下而崇信佛教，由崇信佛教而尊八思巴为帝师。

从八思巴受封帝师开始，元朝在朝廷常设帝师一职，帝师去世，则新立一人继任，帝师因受戒等原因长期离开朝廷，则任命一人代理。有元一代，先后有十四任帝师，其中除三名代理帝师的出身情况不明外，出身于八思巴萨迦款氏家族的有七人，出身于八思巴的弟子门徒的有四人。八思巴侄子达玛巴拉早逝无嗣，另一侄子达尼钦波桑波贝因家族内争被忽必烈流放到江南，行踪不明，因而在款氏家族似乎没有男性后裔的情况下，八思巴的弟子门徒才担任帝师的。可见，只有萨迦款氏家族的后裔才能担任帝师。元朝先后嫁四位公主给萨迦款氏，除封驸马为白兰王以震慑西藏外，可能还含有希望出现与皇室有血缘关系的帝师的意思。由于萨迦款氏诸子中前几子出家，幼子娶妻生子繁衍后代，故男丁稀少，有的帝师任职时年仅十几岁，还不到受比丘戒成为正式僧人的年龄，加上在大都任职的

---

[137]　法洪：《敕建帝师殿碑》，载念常：《佛祖历代通载》卷三十六。

帝师不适应气候，水土不服，故大多寿命不长。同时，款氏家族的某些人认为到朝廷担任至为尊贵的帝师是皇帝强加给其家族的一种负担。达尼钦波桑波贝的儿子喇嘛丹巴索南坚赞当时以学识渊博著称，皇帝几次派人迎请他到大都，他都设法推脱不就，不愿到朝廷任职，就是基于这个原因。[138]

帝师作为皇帝在宗教上的老师，同时也是皇室在精神上的支柱，又是全国佛教僧人的领袖和西藏政教合一地方政权的首领，所以其地位是极其崇高的。忽必烈1253年初见八思巴时，就曾与八思巴约定，"听法及人少之时，上师可以坐上座"，群臣聚会时，由汗王坐上座。元朝制定朝仪后，仍然是"正衙朝会，百官班列，而帝师亦或专席于坐隅"。在皇帝的带动下，皇室成员也对帝师恭敬备至，"虽帝后妃主，皆因受戒而为之膜拜"。帝师嗣位之时，除赐封诰玉印外，还要宣谕天下。新君即位，布告天下，也要对帝师降诏，而且对帝师颁发的诏书要用专门的"珠诏"。帝师从西藏前来，朝廷要派官员去迎接，如至顺二年十二月，"遣兵部尚书也速不花、同佥通政院事忽纳不花迎帝师"。[139] 帝师抵达京城，要用皇帝出行的一半仪仗为前导，并派百官郊迎。帝师去世后骨殖运回西藏，"又命百官出郭祭钱"。[140] 如大德九年送帝师扎巴俄色骨殖回藏，"专遣平章政事铁木儿乘传护送，赙金五百两、银千两、币帛万匹、钞三千锭"。[141] 按照元朝的制度，皇帝用玉印和金印，诸王用兽纽、螭纽、驼纽金印及金镀银印区别地位高下，一品衙门用金印。1264年，忽必烈定制，皇帝对一、二品官员宣命用玉印，对三至五品官员宣命用金印，[142] 而皇帝赐给历任帝师的印俱是玉印，这也说明帝师的地位在诸王及百官之上。

---

[138]　阿旺贡噶索南：《萨迦世系史》（第一版），第275-277页。

[139]　《元史》卷三十五《文宗本纪四》。

[140]　《元史》卷二百二《释老传》。

[141]　同上。

[142]　《元史》卷五《世祖本纪二》。

帝师受到元朝皇室的尊崇，同时也对皇室承担了职责。帝师首先要把神佛的护佑加给皇帝，为皇帝传授灌顶、带领僧众为皇室做各种名目的佛事，为皇帝及其家族祝延圣寿、禳灾祛难，祈祷国泰民安，都是出于这个目的。此外，遇到军事大事，皇帝出行、生病，甚至遇到雷击、天旱、海啸等自然灾害，也往往命帝师率僧众诵经护佑。其次，帝师还要负责校勘佛经、颁发戒律、管理僧众及寺产等；为朝廷举荐僧人及宣政院和藏族地区行政机构的官员；新年元旦，帝师要像群臣进贺正旦表笺一样向皇帝献新年祝辞。在帝师发布的法旨中，必须以"皇帝圣旨"开头，也就是帝师依皇帝授权发布法旨。这些又说明，帝师的地位无论多么崇高，哪怕受到超出群臣的礼遇，但从实质上说历任帝师都是皇帝任命的一个特殊的官员，皇帝通过帝师来达到其政治上和宗教上的目的，对帝师和萨迦派的最后控制权还是掌握在元朝皇帝手中的。从八思巴受封帝师开始情况就如此。

主持皇室的佛事活动

八思巴在受封帝师的前后，在大都主持了一系列的宗教活动。根据其著作题记中所记时间和地点，初步确定八思巴在大都停留的时间是1268年底（或1269年初）到1271年夏初，虽然只有两年多，但八思巴的宗教活动在元代产生了重要的影响。

《元史·世祖本纪三》记载，至元六年十二月，"作佛事于太庙七昼夜"。按《元史》卷七十四《志第二十五·祭祀三》的记载，在蒙古汗国时期，"其祖宗祭享之礼，割牲、奠马湩，以蒙古巫祝致辞，盖国俗也"。这就是按蒙古早先信奉萨满教时杀牲祭祀的风俗，元朝称为"烧饭"。"每岁，九月内及十二月十六日以后，于烧饭院中，用马一、羊三、马湩（即马奶酒）、酒醴、红织金币及里绢各三匹，命蒙古达官一员，偕蒙古巫觋，掘地为坎以燎肉，仍以酒醴、马渾杂烧之。巫觋以国语呼累朝御名而祭焉。"[143] 忽必烈即位后,参用汉法,采用汉地的祭祖礼仪,设立祖宗神位。中统四年(1263)三月,诏建太庙于燕京,次年十月奉安神主于太庙,并制定祭仪。但是开初几年,忽必烈并未亲自到太庙祭祖。直到至元六年六月,御史上奏说近年四方干旱,与皇帝没有到太庙祭祖有关,忽必烈才于当年十月到太庙祭祖。

大概是忽必烈看到太庙神主的制作和祭祀完全按照汉地旧制,不太合意。他不愿汉儒一手包办祭祖的大事,就想到八思巴,决定把藏传佛教超荐亡魂的一套礼仪用到祭祖上来。当年十二月十八日,"国师奉旨造木质金表牌位十有六,亦号神主。设大榻金椅位,置祏室前"。又命八思巴在太庙做佛事,"(至元)六年冬,时享毕,十二月,命国师僧荐佛事于太庙七昼夜,始造木质金表牌位十有六,设大榻金椅奉安祏室前,为太庙荐佛事之始"。当时八思巴所造牌位上题写的帝后名号,应当用的是八思巴字。次年十月,忽必烈又命宗庙祝文书以国字,也即用八思巴字。以上几段记载中所提的国师、国师僧显然都是指八思巴。由此可见,八思巴第二次到大都后,藏传佛教的佛事活动进入了元朝宫廷,并形成制度,这种佛事称为内廷佛事。《元史·释老传》记载,至元年间内廷佛事的名目有一百余种,这大概就是八思巴在大都时规定的。《元史·释老传》还列举了数十种内廷佛事的藏语名称和对应的汉语意思,对研究当时藏传佛教在宫廷的活动,也有参考价值。

除组织内廷佛事外,八思巴还在大都组织了有皇帝后妃、官民百姓、僧人参加的大规模的佛事活动,《元史》称之为游皇城。《元史》卷七十七《国俗旧礼》记载:"世祖至元七年,以帝师八思巴之言,于大明殿御座上置白伞盖一,顶用素段,泥金书梵字于其上,谓镇伏邪魔护安国刹。自后每岁二月十五日,于大明殿启建白伞盖佛事,用诸色仪仗社直,迎引伞盖,周游皇城内外,云与众生祓除不祥,导

---

[143] 《元史》卷七十七《国俗旧礼》。

迎福祉。"白伞盖在汉藏佛教经典中都有记载,汉地佛教称为白伞盖佛顶。《大日经》记载,释迦牟尼顶上化现作转轮王形,是如来众相之顶,以白净大慈悲遍覆法界。又说该佛像为黄色,持莲花,上有白伞盖,号为异相金刚,还有白伞盖顶尊所说之陀罗尼,名为白伞盖神咒;藏传佛教则说白伞盖为千头千手佛母,藏文大藏经中也有佛顶大白伞盖陀罗尼。看来八思巴启建这一佛事是经过周密考虑的,蒙古习俗尚白,白伞盖与此相符,御座之上建伞盖而不塑佛像,寓意佛化现的转轮王即忽必烈。《析津志》还记载:"置金轮于崇天门之右,铁柱高数丈,以铁絙四系之,以表金转轮王统制四天下。"[144]这与八思巴在《彰所知论》及许多赞颂中称成吉思汗家族为转大力法轮的国王相一致,"以白净大慈悲遍覆法界"也正与当时忽必烈吞灭南宋统一海内的需要相符,所以这一佛事提出后,即得到忽必烈和皇室的全力支持,其规模之大,不亚于汉地的元宵社火。

《元史》记载:"岁正月十五日,宣政院同中书省奏,请先期中书奉旨移文枢密院,八卫拨伞鼓手一百二十人,殿后军甲马五百人,抬舁监坛汉关羽神轿军及杂用五百人。宣政院所辖官寺三百六十所,掌供应佛像、坛面、幢幡、宝盖、车鼓、头旗三百六十坛,每坛擎执抬舁二十六人,钹鼓僧十二人。大都路掌供各色金门大社一百二十队,教坊司云和署掌大乐鼓、板杖鼓、筚篥、龙笛、琵琶、筝、篆七色,凡四百人。兴和署掌妓女杂扮队戏一百五十人;祥和署掌杂把戏男女一百五十人。仪凤司掌汉人、回回、河西三色细乐,每色各三队,凡三百二十四人。凡执役者,皆官给铠甲袍服器仗,俱以鲜丽整齐为尚,珠玉金锈,装束奇巧,首尾排列三十余里。都城士女,间阎聚观。礼部官点视诸色队仗,刑部官巡绰喧闹,枢密院官分守城门,而中书省官一员总督视之。先二日,于西镇国寺迎太子游四门,舁高塑像,具仪仗入城。十四日,帝师率梵僧五百人,

---

[144] 熊梦祥:《析津志辑佚》,李致忠等辑佚点校,北京古籍出版社,1983,第214页。

于大明殿内建佛事。至十五日，恭请伞盖于御座，奉置宝舆，诸仪卫队仗列于殿前，诸色社直暨诸坛面列于崇天门外，迎引出宫。至庆寿寺，具素食，食罢起行，从西宫门外垣海子南岸，入厚载红门，由东华门过延春门而西。帝及后妃公主，于玉德殿门外，搭金脊吾殿彩楼而观览焉。及诸队仗社直送金伞还宫，复恭置御榻上。帝师僧众作佛事，至十六日罢散。岁以为常，谓之游皇城。或有因事而辍，寻复举行。"[145]

这样把佛教法事变为全民的宗教节日，在藏传佛教的历史上是有传统的。吐蕃王朝赤松德赞建桑耶寺后，举行了长达一年的开光庆典，明代宗喀巴大师创建格鲁派，也以举行拉萨正月祈愿大法会（传大召）为标志。八思巴将其移用到大都，无异于为元朝受到佛法护佑进行最广泛的宣传，在当时宋元决战于湖北襄樊胜负未分的情况下，它所起到的思想鼓舞作用是难以估量的。正因为如此，忽必烈对这种僧俗军民参加的宗教庆祝游行十分重视，因此不仅在大都举行，"夏六月中，上京亦如之"，即每年在上都也举行一次。

在大都为皇室兴建佛教寺院

八思巴在这一时期还主持过为皇室兴建佛寺的事务。《元史》记载，至元七年十二月，"建大护国仁王寺于高良河"。该寺建于大都和义门（今北京西直门）外高良河北岸（今五塔寺一带），历时十年建成，元朝还专设大护国仁王寺及昭应宫财用规运所统领，后改为总管府、会福总管府。成宗时，寺中供奉有元世祖忽必烈和察必皇后御容。国师管着儿咸藏赐泰安州长清县大灵岩寺法旨，结尾

---

[145]《元史》卷七十七《志·祭祀六》。

即署"高良河大护国仁王寺里有时分写来"。[146]至元十二年四月，元成宗命八思巴的弟子胆巴住持大护国仁王寺，[147]可见该寺有藏族僧人居住。《萨迦世系史》记载，八思巴及后来的帝师在大都的住处为大都大寺或称"梅朵热哇"（意为"花苑"），似乎即大护国仁王寺。据《佛祖历代通载》，大护国仁王寺"乃昭睿顺圣皇后（即察必皇后）所建，其严好若天宫内苑移下人间"，藏文称其为"梅朵热哇"，大约即由此而来。如前所述，察必皇后是八思巴最早的弟子，对八思巴与忽必烈间关系的建立起过决定性作用，她在大都建佛寺而八思巴此时正在大都，因此八思巴参加或主持这一寺院的设计修建，应在情理之中。正因为如此，后来八思巴创建的白伞盖佛事又改为二月八日迎佛于城西高良河（即大护国仁王寺）："国家岁以二月八日迎佛于城西高良河，京师尽出富民珠玉、奇玩、狗马、器服、俳优、优杂子女百戏，眩鬻以为乐。禁卒外卫、中宫贵人大家设幕以观，庐帐蔽野。诸王、近侍、贵臣异服驰骏，盛气以相先后。国家一日之费巨万，而民间之费称之。"[148]

这一时期，八思巴作为帝师还参与了一些管理佛教僧人的事务。《元史》记载，至元七年十二月，在开始兴建大护国仁王寺的同时，"敕更定僧服色"，也就是规定吐蕃、汉地、河西、大理、畏兀儿等不同民族的僧人穿不同颜色的服装，特别是区别吐蕃与汉地僧人的服色，以便管理，同时也含有元朝歧视汉人、南人的意味。《通制条格》记载："至元七年正月，尚书省奏准圣旨条画内一款：汉儿和尚每穿着土钵和尚红衣服，一迷地行有。钦奉圣旨：那般着

---

[146] 西藏社会科学院、中央民族学院、中国社会科学院民族研究所编《西藏地方是中国不可分割的一部分》（史料选辑），西藏人民出版社，1986，第68页。

[147] 念常：《佛祖历代通载》卷三十五《胆巴传》。

[148] 《道园学古录》卷四二《赵思恭神道碑》，载李干《元代社会经济史稿》，湖北人民出版社，1985，第519页。

的拿者。"[149] 看来在此之前即有规定，汉僧不许穿吐蕃僧人的红袈裟，到 1270 年又对僧人服色作了具体的规定。此外，八思巴还规定僧人出家受戒的仪轨。佛教教律及出家仪轨大小乘及各部有不同的规定，在吐蕃王朝时期，赤松德赞规定用说小乘的一切有部（亦名"说根本有部"）的戒律。由于元朝规定僧人不纳税粮，所以有些人为逃避赋税自行出家，汉地私度僧人的现象也很普遍，为加强管理，八思巴写了《根本说一切有部出家授近圆羯摩仪范》，由其弟子胆巴作序，"序言"中说："欲以自佛相承，师资继踵，迄今不替，正戒仪轨，为从善行人一一恒持，精炼三业，坚守四仪，此实圣皇匡正佛法之睿智也。"因此，这一仪轨写出后，忽必烈命弹压孙、合台萨里、安藏[150]等人译成汉文，于至元十七年十二月，"敕镂版印造帝师八合思八新译戒本五百部，颁降诸路僧人"。

八思巴本人在大都期间，与汉地各族佛教僧人有广泛接触，为他们传法授戒。《释氏稽古略续集》记载，八思巴 1264 年就曾在中都（后改名大都）设会度僧，登座授秘密戒。《汉藏史集》则称，八思巴为尼泊尔、印度、汉地、西夏、蒙古、高丽、大理、畏兀儿、河西等地的比丘、比丘尼、沙弥、沙弥尼总计四千人授戒剃度，为四百二十五人担任过授戒的堪布。元朝灭南宋后，八思巴又派他的亲传弟子持律论师却吉衮布到江南，一年之中为九百四十七人授戒剃度，由这些弟子又传出无数比丘、僧伽，使得佛教在江南大为兴盛。[151]

---

[149] 《通制条格》，黄时鉴点校，浙江古籍出版社，1986，第 333 页。

[150] 弹压孙、合台萨里、安藏都是畏兀儿人，在编纂《至元法宝勘同总录》和元代民族语文翻译方面，他们都起过重要作用。（日）百济康义：《栴檀瑞像传入中国记的回鹘语与藏语译文》，杨富学、秦才郎加译，《甘肃民族研究》2006 年第 3 期。

[151] 达仓宗巴·班觉桑布：《汉藏史集》（第一版），第 327-328 页。

支持元军灭南宋

八思巴第二次到大都时,正是忽必烈在巩固自己的汗位后向南宋大举进攻之时,被忽必烈封为帝师而成为元朝统治集团重要成员的八思巴,对元军南下灭宋的战争持全力支持的态度。但是这方面明确的记载不多,汉文史料中,《拔思发行状》《敕建帝师殿碑》《敕修百丈清规卷第二·帝师涅槃》中有"时则天兵飞渡长江,竟成一统,虽主圣臣贤所致,亦师阴相之力","然而启沃天衷,克弘王度,实赖帝师之助","密赞化基,阴翊王渡"等说法,指的是八思巴动用佛法对元军灭南宋暗中相助的作用。

《汉藏史集》记载:"当薛禅皇帝与上师八思巴施主与福田二人在一起闲谈时,皇帝向上师说:'从前在成吉思汗收服广大国土时和在我整治安定国土之时出过大气力之蒙古军士们,如今财用不足,可有什么办法增加他们的财物?'上师答道:'陛下可出御库中的钱财,点查军士及怯薛之数目,赏赐给足够数年衣食生活之物品。'皇帝照此行事,共点得蒙古军士五十万及大量怯薛卫士,赏赐之物品亦够使用。又有一次,皇帝说道:'现今,财用不敷。蒙古地方的南面有叫作蛮子的王国,其治下百姓富庶,我朝若派兵攻取,依靠佛法的气力,能否攻克?'上师答道:'现今陛下身前尚无能建此功业之人,故不宜骤行,我将访查之。'次年,皇帝之弟旭烈兀为向皇帝进献贡品和新年礼物,派遣名叫伯颜的怯薛长率领五百名乌拉差役前来。""此后,当伯颜到达大都朝见皇帝之时,宫中正举行大宴会,上师八思巴也应邀参加。上师见伯颜朝见皇帝时的仪态、行步,启奏时能言善对,知其有大功德,向皇帝说道:'英杰中之英杰,正是此人。'皇帝知上师此言之意,就派自己的一名怯薛长代替伯颜,而命伯颜留在朝中。"

这段记载与《元史》卷一百二十七《伯颜传》中的记载相当接近,不同的是,《伯颜传》记载,发现伯颜才能的是忽必烈自己:"伯颜,蒙古八邻部人。曾祖述律哥图,事太祖,为八邻部左千户。祖阿刺,袭父职,兼断事官,平忽禅有功,得食其地。父晓古台世其官,从宗王旭烈兀开西域。伯颜长于西域。至元初,旭烈兀遣入奏事,世祖见其貌伟,听其言厉,曰:'非诸侯王臣也,其留事朕。'与谋国事,恒出廷臣右,世祖益贤之,敕以中书右丞相安童女弟妻之,若曰:'为伯颜妇,不惭尔氏矣。'二年七月,拜光禄大夫,中书左丞相。诸曹白事,有难决者,徐以一二言决之。众服曰:'真宰辅也。'四年,改中书右丞。七年,迁同知枢密院事。"伯颜从旭烈兀处来奏事,当在至元元年,当时八思巴还在大都,忽必烈命以安童女弟妻之,说明伯颜当时还很年轻,但是至元二年七月就拜中书左丞相,尽管伯颜出身于一个蒙古千户家庭,这样的升迁也是非同一般的。这是因为忽必烈"见其貌伟,听其言厉",还是因为八思巴以相人术知伯颜为非常之才,故而向忽必烈保荐,还是二者兼而有之,现在难以判断。不过从《汉藏史集》的记载看,其说法并非信口编造,当有其依据。

《汉藏史集》记载:"此时,皇帝又对上师八思巴道:'如今遣伯颜领兵攻打蛮子地方如何?'上师回答说:'彼足以胜任,我将为其设法,求得吉兆。'上师遣尼泊尔人阿尼哥,犹如幻化之工匠般出力,在涿州地方兴建一座神殿,内塑护法摩诃葛剌主从之像,由上师亲自为之开光。此依怙像之脸面,朝向南方蛮子地方。并命阿黎胆巴贡噶在此护法修法。"[152] 实际上,《元史》记载伯颜于至元七年(1270)任枢密副使,在朝廷主管军事,到至元十一年(1274)元军已破襄阳后才出京统军渡江攻宋。而八思巴1271年夏已离京赴临洮。不过八思巴命阿尼哥塑摩诃葛剌像,并命胆巴修法以助元军,在《胆巴碑》中得到证实。碑文说胆巴1269年随八思巴到朝廷后,忽必烈命他居住五台山寿宁寺,"建立道场,行秘密咒法,作诸佛事,祠祭摩诃葛剌,持戒甚严,昼夜不懈,屡彰神异,赫然流闻,自是德业隆盛,人天归敬"。

赵孟頫书《大元敕赐龙兴寺大觉普慈广照无上帝师之碑》,即

---

[152] 达仓宗巴·班觉桑布:《汉藏史集》(第一版),第280-282页。

《胆巴碑》。《佛祖历代通载·胆巴传》记载："初，天兵南下，襄城居民祷真武，降笔云：'有大黑神领兵西方来，吾亦当避。'于是列城望风款附，兵不血刃。至于破常州，多见黑神出入其家，民罔知故，实乃摩诃葛剌神也，此云大黑，盖师祖父七世事神甚谨，随祷而应，此助国之验也。"甚至后来元朝遇有战争，也请藏族僧人祠祭摩诃葛剌，祈求战胜。如《元史·释老传》记，"元贞间，海都犯西番界，成宗命（胆巴）祷于摩诃葛剌神，已而捷书果至"。由此可见，八思巴命阿尼哥塑摩诃葛剌像并命胆巴修法，并不是一般的佛事活动，而是支持元军灭南宋的重要活动。尽管大黑神助元军破襄阳、破常州的说法是一种传说，但是它说明了八思巴等藏传佛教领袖拥护元朝统一全国的政治态度。在当时的历史条件下，人们相信八思巴等修密法的藏族僧人们掌握着役使鬼神的能力，因此他们的祷神活动也可以起到重要的宣传鼓舞作用。

北京白塔寺内的阿尼哥塑像。阿尼哥（1244—1306）是尼波罗国（今尼泊尔）人，元朝建筑师、雕塑家，八思巴的嫡传弟子。

摩诃葛剌又称大黑天，本是印度崇拜的一种神，据说是大自在天的化身，又说大黑天为战神，礼祀此神，可增威德，举事能胜，后来被佛教作为密宗护法神之一。自八思巴命阿尼哥塑此神像后，忽必烈以下蒙古各代帝王奉此神为保护神。1935年吴世昌撰长文《密宗塑像说略》，广集汉文史料中有关元朝塑造藏传佛教密宗神像的记载："当时所建西藏化的佛殿佛像，不仅满布幽、燕，并且西及成都，南至杭州，东北辽宁的佛像，大概也是喇嘛教极盛时传入。元大内并有金银铸像,以千百计。"文中引用清代文人厉鹗的《吴山咏古诗》,记述了元至治二年(1322)左卫亲军都指挥使伯家奴在吴山宝成寺石壁上所凿的摩诃葛剌佛像:

一躯俨箕踞,努目雪两眉,
赤脚踏魔女,二婢相夹持。
玉颅捧在手,岂是饮月支?
有来左右侍,骑白象青狮。
狮背匪锦幰,荐坐用人皮。
髑髅乱系颈,珠贯何累累。
其余不尽者,复置戟与钺。
旁纪至治岁,喜舍庄严资。
求福不唐捐,宰官多佞辞。
我闻刘元塑,妙比元伽儿。
搏换入紫闼,秘密无人知。
此像琢山骨,要使千年垂。
遍翻诸佛名,难解姚秦师。

据《元代画塑记》载,元仁宗、元英宗、泰定帝曾命阿尼哥之子阿僧哥、八思巴弟子掬思哥斡节儿等在大圣寿万安寺、兴和路寺、延华阁西徽青亭门内、大天源延圣寺内塑像,其中西南角楼所塑都是摩诃葛剌神及左右佛母、伴像神,共计十五尊像。[153] 这说明在元代皇室摩诃葛剌是作为保护神来供奉的,而且其塑像已经规范化。在清代,摩诃葛剌神也受到满族统治者的信奉,多尔衮就曾在北京建了多处摩诃葛剌庙。追溯源流,八思巴是最先将此神像介绍到北京的。

还有另一事例也说明以八思巴为首的藏传佛教上层集团拥护

---

[153] 佚名:《元代画塑记》,人民美术出版社,1964。

忽必烈统一中国。江南佛教总摄杨琏（辇）真加在浙江掘南宋皇陵、毁宋郊天台,修建天衣寺等寺院,望藉神佛之力,镇压江南的反抗。实际指挥这一行动的是忽必烈和八思巴的门徒总制院使桑哥。《元史》记载,至元二十二年（1285）正月,"桑哥言：杨辇真加云,会稽有泰宁寺,宋毁之以建宁宗等攒宫；钱唐有龙华寺,宋毁之以为南郊。皆胜地也,宜复为寺,以为皇上、东宫祈祷"。[154] 1286年,忽必烈下令"以江南废寺土田为人占据者,悉付总统杨琏真加修寺",又"从桑哥请,命杨琏真加遣宋宗戚谢仪孙、全允坚、赵沂、赵太一入质"。[155]后来,忽必烈还把投降元朝的南宋小皇帝赵显遣送到萨迦寺学佛,借助藏族僧人加以控制。[156]

最能说明八思巴对忽必烈灭南宋统一中国的态度的是,1275年,八思巴在返藏途中听到元军渡江后节节胜利,江浙各地纷纷归降,临安不日可下的消息,他寄献给忽必烈题为《赞颂应赞颁的圣事》的贺信,内容上该信类似灭宋后群臣向忽必烈所上的《贺平江南表》,译文如下：

顶礼上师三宝！
向一切福德之源、三界之依怙、殊胜之佛陀虔诚顶礼！
陛下仗先世所积善业海之福德,安定各方及边土之众生。陛下之国政不劳而自成,以一身之福德智慧,任运治理,令人叹为神奇。陛下亲属王族中,或有受他人欺惑而反叛者,复迷途而知返,前来归顺,此亦足称神奇。较之先世众多帝王亲率大军讨伐不臣,陛下未曾亲征,亦未劳神费力,而能治理各地。以此福德,施政于各方,臻于安乐。如此威德,大地之上先前无人有过,故陛下声名遍及三界。陛下一人之福德,世上实无匹敌。亲见陛下之福德受用者,莫不眼神迷离,以为

---

[154] 《元史》卷十三《世祖本纪十》,至元二十二年春正月条。

[155] 《元史》卷十四《世祖本纪十一》,至元二十三年春正月条。

[156] 王尧：《南宋少帝赵显遗事考辨》,《西藏研究》1981年创刊号。

所见俱是幻化神功,不敢置信;听闻陛下之功业威力者,莫不心动志摇,犹如受干渴煎逼之人,闻山雨欲来之风响。陛下之福德使社稷安宁、江山一统,奋转轮之威,合四洲为一。须弥山之上所居众神睹此,亦当疑惑浊世何以竟有如此伟业。如此福业之果已成,众生唯愿享陛下之福荫,具足圆满。能使天下众生享受如此安乐者,先前帝王中未曾有过。颂扬陛下子育黎民、亘古所无之欢悦声,犹如铙钹击响。伏愿陛下圣心喜乐,众生亦得欢悦。

陛下除以法度治理臣民,复播下教法之种,施以水肥,使安乐之幻芽生,解脱之果实熟,自他俱享各种欢乐。犹如福德黄金大地,吉祥之水绕流,无论自他,无论何时,布富足自在之种。陛下洞悉诸种教法,于诸物无不察,于诸教无不通,陛下之英明天纵,非言语所能说明。闻陛下之名声,余心即得康乐。犹莲花之芳香,因轻风而传之偏远,弱小蜜蜂觉之,亦振翅而作响,逢此应赞颂之圣事,余亦寄此而示贺。所有十方佛陀,亦为此赞颂吉祥。愿陛下圣体坚如须弥,福德广如大海,常以如意之宝,满足众生之愿!

因蒙古第五传大皇帝忽必烈之福德,所有国土终成一统,尤其立国已久、王统未尝断绝、社稷稳固、疆土广大之蛮子国归降于人主脚下之莲台,使皇帝福运之光遍照于直抵大海之大地坛城。为赞颂此圣业,比丘八思巴阴木猪年秋八月二十二日吉时写于马尔康地方之赞多新寺。[157]

正如此贺信的标题所说明的,八思巴是把忽必烈灭南宋统一中国看成一件值得赞颂的丰功伟业。

---

[157]《萨迦五祖全集》(德格木刻版)第十五函,第385页。

7　再回萨迦

出居临洮

约在元至元八年（1271）夏初，八思巴离开大都出居临洮。据八思巴著作的题记，当年三月二十日，他在大都忽必烈的皇宫中写成《胜乐法轮坛城众神赞颂》，六月一日在临洮写成《皈依发愿灌顶之教诫》，七月十日在临洮因阔端之子启必帖木儿劝请写成《胜乐修行法》，十八日又在临洮为忽必烈写《大幻变部坛城仪轨》，由此可知八思巴从大都到临洮当在至元八年的三月到六月之间。中国和意大利合拍的大型彩色故事片《马可·波罗》中有马可·波罗和八思巴以及真金太子在大都一起活动的情节，实际上，马可·波罗于至元八年十一月从威尼斯动身来中国时，八思巴已离开大都到了临洮；至元十二年五月马可·波罗一行到达上都时，八思巴已离开临洮踏上回萨迦的旅程，而且再没有来过汉地。因此马可·波罗和八思巴不可能会面，影片中有关八思巴的情节完全是虚构的。

八思巴为何离大都赴临洮？《元史》甚至没有提到八思巴到临洮的事。分析起来有两种可能，一是八思巴在大都因气候不适，身体有病，返回临洮休养，大概原来准备还要返回大都，所以他离京时仅将大都的宗教事务托付给弟子胆巴，朝中也并没有封新的帝师来接替他的职务。另一种可能是当时吐蕃地区出现了一些紧急事务，需要八思巴到临洮去处理。

临洮在宋金时被称为熙州，宋朝曾设熙河路。唐朝安史之乱后，吐蕃势力东进，陕西西部、甘肃、青海都成为吐蕃辖地。宋代除河湟地区的唃厮啰政权外，熙河、秦渭、平凉、环庆等地仍分布着众多的藏族部落,《宋史》上记有名字的有千余个。宋朝将这些部落分为生户和熟户两种,接近府州、兼事农业、受汉文化影响较深的称为熟户,远离府州、不受管束的称为生户。金朝曾短期统治过这一地区。1235 年,阔端由秦、巩一路南下四川,曾招降这一带的藏族部落,当时归降蒙古的重要首领有巩昌(今陇西)的汪世显[158]、临洮的赵阿哥昌等。汪世显在金朝时即任巩昌便宜都总帅,赵阿哥昌任熙河节度使。后元朝设巩昌路便宜都总帅府,汪世显及其子孙相继任都总帅,赵阿哥昌子孙相继任临洮府元帅、达鲁花赤。巩昌路总帅府下辖巩昌、平凉、临洮、庆阳、隆庆五府及秦陇、定西、镇原、阶、成、西和、兰州等二十七州,成为在蒙哥汗时期设置的吐蕃宣慰司(即朵思麻宣慰司)以外的西北主要藏族地区。在行政管辖上,巩昌路属陕西四川行省(陕西四川分开后属陕西行省),朵思麻宣慰司属总制院,但是因巩昌路各府州有许多藏族部落,有一些事务总制院和朵思麻宣慰司又要干预,引起许多不便。从至元初年开始,蒙古进攻南宋的四川的军事行动中,汪世显之子汪良臣任西川行枢密院事,其弟汪清臣任四川行枢密院副使,汪良臣侄子汪惟正又负责东川军事,任四川行省左丞相,巩昌路成为元朝西路重要军事基地。

在这种情况下八思巴到临洮,一种可能是用帝师的威望安定甘青藏族地区,保证元军攻蜀的胜利;另一种可能是协调在甘青的阔端后王、朵思麻宣慰司、巩昌总帅府之间的关系。这从《元史·地理志》所载的巩昌总帅府和朵思麻宣慰司的辖区的调整情况可以看出:"至元五年割安西州属脱思麻路总管府。六年,以河州属吐蕃宣慰司都元帅府。七年,并洮州入安西州。八年,割岷州属脱思麻路。"[159] 按《元史·百官志三》记载,吐蕃等处宣慰司都元帅府

---

[158] 汪世显族属不明,《元史》称其为巩昌盐川人,系出旺古族。盐川在今甘肃省漳县,为洮岷藏区。宋元称甘青藏族小部落为族,旺古族很可能为陇西藏族部落,或蒙古之汪古部,不确。

[159] 《元史》卷六十《地理志三》。

珍珠寺位于青海省海南藏族自治州贵德县，是在萨迦班智达应凉州王阔端召请赴凉州时期建造的。

都元帅府（即朵思麻宣慰司都元帅府）的辖区主要为朵思麻路军民万户府和西夏中兴河州等处军民总管府两个路，以及洮州、岷州、积石州、贵德州等。虽然朵思麻宣慰司早在蒙哥汗时就已设立，但是它的一些主要辖区，如后来成为宣慰司治所的河州以及洮州、岷州等，却是在八思巴出居临洮前后陆续划给它的。因此，可以认为，八思巴这次到临洮与完善朵思麻宣慰司的建制，划定它与巩昌总帅府、甘肃行省的管辖范围，委任宣慰司及其下属的各级官员有关。甘青一带藏、汉、党项等族交错分布，民族、宗教情况复杂，又有西平王奥鲁赤和阔端后王启必帖木儿的分地属民，因此要妥善处理川陕、甘肃两个行省和朵思麻宣慰司之间的划界设官等问题，作为帝师领总制院事、又管理藏族三个却喀（chol-kha-gsum）的八思巴正是合适的人选。从这一分析看，八思巴出居临洮主要是为了划定朵思麻宣慰司的辖地和委任各级官员。

据《安多政教史》记载，八思巴和忽必烈曾赐给西宁西川西纳家族首领西纳贝本虎符印章，敕封为宗喀万户，[160]其管辖地在西宁、贵德，跨甘肃行省的西宁州和朵思麻宣慰司的贵德州，所辖又是藏族部落，所以由八思巴出面来加以封授。该书还记载，岷州附近官坡川有赵土司衙门，这个土司发展为一个小邦，由萨色（sa-sras）家族掌握，[161]而萨色的意思即为"萨迦弟子"，看来这也是八思巴以忽必烈的名义封授的一个藏族世袭土司。类似的例子应当还有不少。

八思巴的政治活动又总是与宗教活动相联系。《安多政教史》记载，八思巴在临洮时派四大弟子把朵思麻南部地区的苯教分别改宗萨迦派，在其地建立寺院和香火庄。在临洮城里有八思巴的弟子达温波奉师命创建的香衮大寺，最盛时有数千僧人，寺内还有根据八思巴指示塑造的八思巴像。直到清代，临洮还有8座属于萨迦派的寺院。《三世达赖喇嘛传》记载，三世达赖喇嘛到临洮时，还亲自修复过临洮大寺的八思巴塑像。洮河以南著名的卓尼禅定寺，也是八思巴派遣弟子喇嘛格西在卓尼土司家族的资助下兴建的。八思巴通过一系列的传法建寺活动，扩大了萨迦派在甘青藏族地区的势力，同时也使元朝对甘青藏族地区的统治进一步得到巩固和加强。

由于八思巴的经营，临洮成为元代甘青藏族地区的宗教文化中心，有许多学者聚集在这里，讲经和翻译事业都很发达。成书于元末的藏文古籍《红史》和《王统世系明鉴》都提到，书中所引关于唐朝与吐蕃王朝关系的史料均来自宋朝宋祁所编的《新唐书·吐蕃传》，而《新唐书·吐蕃传》是1285年由八思巴的弟子汉人译师胡将祖在临洮译成藏文的，后来国师仁钦扎巴驻锡汉地时，对译文进行了核定，在临洮刻印刊行，广为流布。这是见于记载最早的译汉文史籍为藏文并刻版印行的书籍。虽然这一刻本现已失传，但后来的藏文史籍对其内容多有摘抄，因此可以说，它是汉藏文化交流史

---

[160]　智贡巴·贡却丹巴饶杰：《安多政教史》，吴钧等译，第162页。

[161]　同上书，第648页。

禅定寺位于甘肃省卓尼县，由八思巴弟子喜饶益西于1295年建成。

和藏族史学发展上的一件大事。

真金太子护送

　　元至元十一年（1274）三月，八思巴又在皇太子真金的护送下，离开临洮向萨迦进发。《元史》卷八《世祖本纪五》记载，"帝师八合思八归土番国，以其弟亦邻真袭位"。《元史·释老传》也有记载："（至元）十一年，请告西还，留之不可，乃以其弟亦邻真嗣焉。"《萨迦世系史》记述了八思巴的异母弟仁钦坚赞（即《元史》所说的亦邻真）的事迹："仁钦坚赞生于其父五十五岁的阳土狗年（1238），他随从法主伯侄及上师伍由巴学习教法，精通诸种经教密咒。他著的《密乘曼荼罗仪轨》以及各种著作为讲闻僧人提供了诸种佛法。当法王八思巴前去蒙古之时，他住持萨迦大寺。此后赴元朝宫廷,做了皇帝的应供喇嘛,并在离皇宫不远的地方修建了僧人的住地,大力弘扬佛法。于四十二岁的阴土兔年(1279)逝于梅朵热哇。有的史籍记载,当法王八思巴返回乌思藏时,命仁钦坚赞为临洮和梅朵热哇等地的上师,他逝于临洮。"《汉藏史集》记载:"他精通显密教法经咒,担任薛禅皇帝供养的上师。当上师八思巴返回乌思藏之后,他主持梅朵热哇的法座。他在皇宫的附近建立了僧伽,努力利益教法和众生,于四十二岁的阴土兔年在临洮去世。"由此可见,八思巴返回萨迦时由仁钦坚赞继任帝师,与汉藏文史料的记载相一致。既然确定了继任的帝师,说明八思巴这次返回萨迦并非临时性的,而是事先作好了安排。

但是关于真金太子护送八思巴回萨迦的说法,在汉文史料中没有记载。至元十年(1273)三月,"丙寅,帝御广寒殿,遣摄太尉、中书右丞相安童授皇后弘吉剌氏玉册玉宝,遣摄太尉、同知枢密院事伯颜授皇太子真金玉册金宝。辛未,以皇后、皇太子受册宝,诏告天下"。[162]有许多学者认为真金当时刚刚受封为皇太子,不可能以皇太子之尊费时数年,远去萨迦。另外,当时正是元军大举攻宋,忽必烈又准备进攻日本的时期,皇子安西王忙哥剌开府京兆,负责四川军事,皇子北平王那木罕坐镇和林,镇守北方,与他们同为皇后所生的嫡子燕王真金不大可能不参与这些反而送八思巴去西藏。

不过,真金从1274年到1279年的活动情况在《元史》等汉文史料中无法查证,比如《元史》卷一百一十五《裕宗传》,从至元十年二月真金被册立为皇太子到至元十八年正月察必皇后崩,没有其活动记载;《世祖本纪》也是从立为皇太子到至元十六年十月诏皇太子燕王参决朝政,中间也未见有关真金的记载。

蒙文史籍《蒙古源流》记载,忽必烈对皇后所生诸子说,谁愿意送八思巴回萨迦,就立谁为太子,真金表示愿往,于是立真金为皇太子,率军护送八思巴返藏。《蒙古佛教史》则记载,忽必烈在

---

[162]《元史》卷八《世祖本纪五》,至元十年三月条。

位的火鼠年（1276）八思巴再次返回吐蕃，真金护送到萨迦，得父皇欢心，下令以后由此子继承皇位。这两部文献都清楚地记载真金护送八思巴返藏事。但真金先于父皇去世，后来即由真金的幼子铁穆儿继位，称为"完泽笃合罕"。《汉藏史集》和《萨迦世系史》虽然没有明确记载真金一路护送八思巴到萨迦，但是都记载了至元十四年（1277）正月八思巴在曲弥仁莫举行有七万僧人参加的大法会，当时是由真金担任施主，给每位僧人发放黄金一钱，推定真金确实到过西藏。

有的学者认为，《萨迦世系史》和《汉藏史集》都是萨迦派人士所撰，《红史》《青史》等书未见记载，故不完全可靠。但近年西藏人民出版社出版的《朗氏家族史》中有一段话可与此印证。当帝师贡噶坚赞的两个儿子拘禁本钦甲哇桑布后，帕竹万户长绛曲坚赞与乌思藏宣慰司的蒙古军、夏鲁、蔡巴等万户联合进兵萨迦营救，萨迦派夏尔钦波前来谈判，绛曲坚赞答复："薛禅皇帝和喇嘛八思巴结为施主和福田后，萨迦派虽充当瞻部洲之主宰者，但势力覆盖面甚小。萨迦派仅领有瞻部洲中的藏地三区，藏地三区中萨迦派又仅直接管辖乌思藏三地面。当时，本钦释迦桑布守护萨迦的教法，兴建喇嘛上师的拉章和经堂，开拓萨迦派的势力。其后，住于细脱拉章的萨迦大寺喇嘛及其后裔共同负全权之责。当法王八思巴住在萨迦之时，本钦贡噶桑布行为粗暴，从身语意各方面激怒上师。但是皇帝未从远方传旨斥责他，亦未听说处罚本钦。后来太子真金获悉，启奏皇帝，于是派大臣桑哥和绛仁南喀答率领执法军前来，皇帝颁旨令执法军攻陷甲若仓，杀本钦贡噶桑布。"[163] 真金能够查明贡噶桑布和八思巴之间的矛盾，并奏请派兵入藏，正是因为他护送八思巴到萨迦后对当时情况有详细的了解。

八思巴所著《彰所知论》的赞语记载："种相富具足，睿智皇太子，数数求请故，慧幢吉祥贤（即八思巴——笔者注），念往日藏

---

[163] 大司徒绛曲坚赞：《朗氏家族史》，第254-255页。

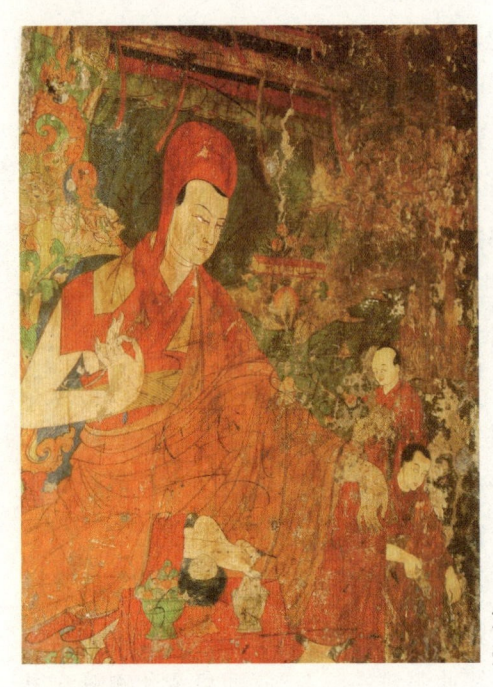

贡噶曲德寺壁画：八思巴受弟子礼拜。

论，起世对法等，依彼造此论。"又在题记中记述："彰所知论者，为菩萨真金皇太子求请故，法王上师萨思迦大班弥达足尘顶授比丘发思巴慧幢吉祥贤，时壬寅仲秋下旬有三鬼宿直日，于大吉祥萨思迦法席集竟。持经律论妙章并智师子笔授。"[164] 从真金1273年立为皇太子到1278年之间，真金能够向八思巴"数数求请"佛法，证明了真金沿途护送八思巴到萨迦的事实。

参考以上资料来看《萨迦世系史》中八思巴返萨迦时对其送行场面的描写，我们可以得出，结论并不完全是虚构的。该书记载："此后，法王八思巴要求速返吐蕃，得到同意。皇帝及其臣下虽然要求八思巴尽快返回，但从八思巴开始准备起，大皇帝即已预测到八思巴之寿数不很长，以后施主及上师二人没有见面之机会，因此不忍分离，亲自为八思巴送行。送行的时间从一天增加到一个月，从

---

[164]《彰所知论》，沙罗巴译，载念常：《佛祖历代通载》卷首。

一个月又增加到一年。在吐蕃之黄河河曲地方,蚌拉山像神鸟站立,黄河像天河降落,犹如一双日月之施主和上师,在此聚会,边地四王的军队以及十一位诸王之随从等数十万人环绕,无数的资财像夏天之祥云装饰天空一般布满施主及上师的脚下,供养十分丰厚。"[165]文中提到的皇帝亲自送行,可能就是指真金皇太子代表其父忽必烈护送八思巴返回萨迦。

如果真金不是在忽必烈健在时就去世了,他可能会成为历史上唯一到过西藏的中原皇帝。清代康熙帝也曾派皇十四子允禵护送七世达赖喇嘛入藏,送至通天河而返。可见信奉藏传佛教的蒙古、满族皇帝对藏传佛教领袖的重视,其着眼处与常人自不一般。但是忽必烈派真金入藏的真正目的,一种可能是针对藏族地区,在真金率领的蒙古军的支持下,由八思巴主持完善和巩固朵甘思宣慰司的行政机构,同时为在乌思藏设立宣慰司作准备。另一种可能是,灭亡南宋后忽必烈着眼于以西藏为基地向外用兵。后一种考虑主要指,在至元年间从海路遣使诏谕南印度俱兰、马八儿国的同时,准备经西藏从陆路打开到印度的通道。《贤者喜宴》记载:"薛禅(皇帝)打算道经吐蕃向尼婆罗和印度进兵,多次遣派金字使臣前来查看道路。上师郭仓巴、大成就者噶玛巴的弟子邬坚巴以广大佛法满足金字使者们的愿望,为取悦皇帝编写了赞颂皇帝的颂辞,让使者们亲眼观看河流的流向,劝阻不要打开去尼婆罗、印度之路,以'河流之流向如此,贤明之王亦应如河之流向',进呈历代皇帝,阻止了进兵,使印度、尼婆罗和吐蕃避免了战争的恐怖。"[166]进兵印度是蒙古诸汗追求的目标之一,忽必烈自然也在考虑,真金进藏的使命或许与此相关。另外,也可能是探求从西藏向西北用兵,攻打中亚反对元朝的诸汗,打通与旭烈兀汗国的陆上通道。总之,皇太子真金护送八思巴回萨迦可能负有某种特殊使命,还需要进一步研究。

[165] 阿旺贡噶索南:《萨迦世系史》(第一版),第213页。
[166] 巴俄·祖拉陈瓦:《贤者喜宴》(第一版,下册),第1423页。

回到萨迦后的活动——曲米大法会

八思巴离开大都后，照例在每年年底写一篇新年吉祥祝辞寄献忽必烈。至元十三年（1276）十二月二十五日，八思巴在萨迦寺写祝辞寄献忽必烈，这说明，约在当年底，八思巴和真金皇太子一行抵达了萨迦。关于八思巴再次回到萨迦后的活动，很少见到记载，只能简述。

至元十四年（1277）正月，由八思巴发起，在后藏的曲弥仁莫（今日喀则县曲弥区）地方举行了有乌思藏各地僧人参加的大法会。《萨迦世系史》记载："此后，在阴火牛年春正月，由汉地之王真金担任施主，在后藏曲弥仁莫举行大法会，法王八思巴向七万多僧人供献丰盛的饭食，为每名僧人发放黄金一钱，三衣[167]一件，并广为宣讲佛法。参加法会的有僧人七万，可以讲论几部经典的格西数千，加上一般民众，总数达十万人之多。法王八思巴授予他们走向成佛大道的大乘殊胜菩提发心，众人亦立愿只做能获得无上正果之菩提行。"[168]

《汉藏史集》记载，八思巴为这次法会捐献了黄金九百六十三两三钱，白银九大锭，锦缎四十一匹，彩丝缎八百三十八匹，绸子五千八百五十八匹，茶叶一百二十大包，蜂蜜六〇三桶，酥油一万三千七百二十八克，青稞三万七千〇一十八克，炒面八千六百克，其他零碎物品不计其数。皇太子真金向参加法会的七万余名僧人分三次发给每人一钱黄金。[169]这次大法会在曲弥寺举行，为期十四天。显然，举行这样大规模的法会是为了明确显示八思巴在元朝中央朝廷支持下取得藏传佛教各教派共同领袖的地位，显示元朝的经济实力，吸引各派僧人拥戴八思巴和元朝皇帝。正因为如此，

---

[167] 三衣指僧人参加法会时所穿之袈裟。

[168] 阿旺贡噶索南：《萨迦世系史》（第一版），第215页。

[169] 达仓宗巴・班觉桑布：《汉藏史集》（第一版），第328-329页。

八思巴说法图唐卡

在萨迦派兴盛时期,萨迦派的首领也常到曲弥寺举行春季法会。如绛曲坚赞记载,1316年当时萨迦寺的住持国师达尼钦波桑波贝在萨迦派的高僧大德、萨迦本钦、都元帅、各万户送到萨迦的温波(相当于侄子)的簇拥下到曲弥举办春季法会,纳塘寺、夏鲁寺、曲弥寺的僧人都来参加。但是在法会的规模上都比不上八思巴发起的曲弥大法会。

八思巴在萨迦的另一项重要活动是收集整理、组织抄写藏文古籍和佛教经典。八思巴在来往萨迦和大都时,注意在各地收集古籍和经典。《汉藏史集》记载,仅在朵甘思的赞多新寺,以近侍顿楚为首的僧俗之众在一天之内就向八思巴奉献了一千五百卷大宝经书,以及土地、寺院、属民和财宝等大量供养。八思巴在萨迦时,还有一些印度、克什米尔、尼泊尔的僧人前来讲经听法,他们也带来不少经籍。八思巴每得到一种新的图书，总要命人抄写，保存在萨迦。对一些重要的佛经，往往要用黄金、宝石研成粉末，和成汁书写，以求长期保存。《汉藏史集》记载，阴铁羊年（1271）八思巴为写造大藏经《甘珠尔》一百一十五函，用去纯金四千二百七十一两三钱。在八思巴的影响下，以金汁、银汁、诸宝写经，在元朝皇室也蔚然成风。除《元史》对此有不少记载外，八思巴的文集中有十几篇为忽必烈、真金、阔阔真、奥鲁赤、忙哥剌、启必贴木儿等蒙古帝王后妃写造佛经而创作的题跋赞颂。真金皇太子到达萨迦寺后，立即出资写造佛经。元至元十五年（1278）十月，八思巴还为这部金汁书写的佛经的完成而题写了赞语。在八思巴的重视下，加上元朝提供的经济支持，元代的萨迦寺成为规模宏大的藏书中心。据记载，萨迦寺的许多殿堂都有"经墙"，即靠墙存放经书的橱架，藏书很多。萨迦北寺大经堂的经墙藏书三千多函，乌则宁玛殿的经墙藏书二千五百余函，北寺上师寝宫还专门设有藏书室，藏有天文、历算、医药、文学、历史等方面的藏文书籍三千多函。这些藏书大多已随萨迦北寺的毁坏而散失。现在保存完好的萨迦南寺大殿的经墙，藏书达两万多函，受到海内外人士珍视。萨迦的藏书以抄写精美、规格宏大而著称，现存最大的一部《般若八千颂》书页长1.3米，宽1.12米，上下以厚木板夹紧，重达六十多斤。萨迦寺还藏有梵文贝叶经十八部，共计三千一百九十三页，为稀世之宝。[170] 有不少学者认为萨迦的藏书可以与敦煌藏经洞的文书媲美，称萨迦为"第二敦煌"。1983年笔者到萨迦时，见到宋代汉文佛经刻本的残叶和与敦煌吐蕃藏文写经相同的藏文写经残叶。八思巴对萨迦这样一个藏族古代文化中心的建设作出了杰出贡献。

对于藏族文学的发展，八思巴也作出了重要贡献。八思巴曾命萨迦派译师雄敦·多吉坚赞将印度戒日王所著的歌舞剧本《龙喜记》翻译成藏文。受此影响，约在七十多年后，第二十三任萨迦本钦南

---

[170] 西藏自治区文物管理委员会编《萨迦寺》（画册），文物出版社，1985。

喀丹巴命印度人苏玛罗室利和萨迦派僧人绛曲孜摩和南喀桑波在萨迦寺翻译了印度大诗人迦梨陀娑所著的诗剧剧本《云使》。[171] 为什么萨迦派热衷于翻译印度的文学剧本，是否与八思巴在大都生活接触到汉地的杂剧有关，还有待研究。[172] 王尧先生在藏戏《云乘王子》剧情介绍的附记中说："这一出戏来源于梵剧《龙喜记》，公元 13 世纪时，八思巴的弟子蒙译师多吉坚参把它译成藏文，后来收在藏文大藏经《丹珠尔》中。故事的情节与梵剧一致，只是诗句有所调整。18 世纪末改编成藏戏《云乘王子》，情节基本上保留了原著的特点，穿插一些藏戏的插科打诨的词句。"[173] 此外，雄敦·多吉坚参从 1260 年至 1280 年翻译印度学者檀丁所著的《诗镜》（主要讲述诗歌的修辞和风格问题），也与八思巴有关。

八思巴在回到萨迦后所作的另外一件大事是确定萨迦教主和款氏家族的继承人。本来八思巴回到萨迦时也只有四十几岁，还没有太大的必要确定一个继承人。但是在八思巴的兄弟中，与他同母所生而且关系最密切的恰那多吉已于 1267 年去世，只留下一个遗腹子达玛巴拉。他的异母弟仁钦坚赞在朝廷任帝师，没有成家，另外一个异母弟意希迥乃当了云南王忽哥赤的上师，1271 年忽哥赤被部下毒死，意希迥乃也于 1273 年或 1274 年逝世于云南（一说逝于朵甘思）。意希迥乃娶妻生有一子，名叫达尼钦波桑波贝。所以，八思巴的下一代中就只有达玛巴拉和达尼钦波桑波贝两个男性成员。达尼钦波桑波贝生于 1262 年，达玛巴拉生于 1268 年。按照萨迦款氏家族的继承习惯，达尼钦波桑波贝和达玛巴拉一个出家继任萨迦教主，一个娶妻生子为款氏家族传宗接代，不会出现什么矛盾。

---

[171] 王沂暖、唐景福：《藏族文学史略》，青海民族出版社，1988，第 167-171 页。

[172] 有学者指出，八思巴创建的大都和上都游皇城活动中已有表演杂剧的内容。参见吴志坚：《游皇城事考——对元代一个演剧场合的考察》，《元史及民族与边疆研究集刊》2013 年第 1 期。

[173] 王尧：《藏剧故事集》，西藏人民出版社，1980，第 155 页。

但是问题就出在这本来不成问题的地方,意希迥乃的母亲多吉丹本来是八思巴的父亲桑察索南坚赞的第三个妻子拉久则玛的侍女,后来成为桑察索南坚赞的第五个妻子,从其母亲的地位来看,意希迥乃在八思巴兄弟中地位要低一些,到了达尼钦波桑波贝和达玛巴拉这一辈,悬殊就更大。对于八思巴来说,当然是恰那多吉之子达玛巴拉更亲近一些。对于以忽必烈为首的蒙古皇室来说,恰那多吉是白兰王,娶过蒙古公主,因此达玛巴拉与他们的关系更近一些。达玛巴拉的母亲是夏鲁万户之女,因此夏鲁万户也希望达玛巴拉继承萨迦的权力。希望达玛巴拉牢固地掌握萨迦派和款氏家族的继承权,进一步发展就会将达尼钦波桑波贝排除在继承者行列之外。出于这样的考虑,在八思巴壮年时即提出由达玛巴拉继承萨迦派教主和款氏家族的方案,从而在事实上剥夺达尼钦波桑波贝的继承权,这一方案到底是谁提出来的,藏文史籍对此隐略不载。

《萨迦世系史》记载,八思巴从汉地返回萨迦时,达尼钦波桑波贝十六岁,达玛巴拉九岁,都跟从八思巴学习佛法。达玛巴拉十三岁时八思巴去世,其荐福大法会由达玛巴拉主持。"达尼钦波桑波贝十九岁时,八思巴去世,此时因事先已决定由恰那多吉的子嗣继承世系,加以恰那多吉和意希迥乃声望地位的不同,尽管堂兄弟二人中达尼钦波桑波贝年长,最终还是由恰那多吉之子达玛巴拉继承了法座,达尼钦波桑波贝则另住一处。当追荐八思巴的法会结束后,二十一岁的达尼钦波桑波贝应大臣阿布之邀前往朝廷。因此有人向朝廷控告他违反追荐八思巴之规矩,皇帝下令予以追查,达尼钦波桑波贝遂被流放到蛮子地方。达尼钦波桑波贝先是被流放到离京城水路二十多程站的大城苏州,后来又有圣旨将他流放到再离京城七程站的一座大城杭州,此后他又隐藏到离杭州十程站的普陀山去修习瑜伽行。"[174] 看来,以达玛巴拉为教派和家族两方面的继承人的决定确实是在八思巴生前作出的。

---

[174] 阿旺贡嘎索南:《萨迦世系史》(第一版),第 236-241 页。

贡噶桑布之乱

首任萨迦本钦释迦桑布在1268年萨迦南寺动工修建后不久就去世了,具体时间未见记载,估计在1268年底或1269年初。此时八思巴正在赴京的途中,他举荐原来担任萨迦朗钦的贡噶桑布继任本钦。贡噶桑布是从赴京途中返回萨迦就任,还是本来就留在萨迦,也不清楚。《汉藏史集》记载:"他一共任本钦六年,在这期间,建成了萨迦大殿的底层、顶层、外围墙和内围墙,建了黄金制成的屋脊宝瓶,还建了纪念萨迦班智达的观音菩萨镀金像,并完成了大殿回廊的绘画。他还管理修建仁钦岗拉章、大屋顶北殿、拉康拉章的事务。贡噶桑布卸去本钦职务后,在甲若仓住了六年。"[175] 从这一记载看,贡噶桑布任本钦应是在1269年至1274年,这期间八思巴不在萨迦,是由八思巴的异母弟仁钦坚赞任萨迦寺的住持,因此在历任萨迦本钦中贡噶桑布的自主权比较大。

关于贡噶桑布的家世和经历,未见记载,据《汉藏史集》,他是一个很有能力的行政官员,对萨迦派尽力效劳。他卸任后居住在甲若仓,可能因为他是甲若仓(今江孜的附近)地方的一个领主。从绛曲坚赞叙述的贡噶桑布为萨迦派夺取阿里领地的经过看,贡噶桑布管事时的手段又是十分凶狠的。绛曲坚赞在谈到萨迦和帕竹产生矛盾的根源时记述,贡噶桑布收买帕竹派在阿里领地的首领南萨巴克希的侍从,毒死南萨巴克希,将该领地从帕竹手中夺过来,使之归萨迦派所有。这是一个突出的例子。贡噶桑布身边聚集了一批心腹,愿为他效死力,因此在萨迦派中也形成了一股势力,如后来担任本钦的绛仁(绛曲仁钦)就是被贡噶桑布的心腹强巴·意希桑布刺死的。

贡噶桑布任本钦时,或因八思巴远在大都临洮,通信困难,或因八思巴听到有关贡噶桑布办事独断的报告,八思巴和贡噶桑布产生意见分歧。《汉藏史集》记载,当八思巴住在临洮,萨迦班智达的大弟子夏尔巴·意希迥乃的孙子意希仁钦(后来当过帝师,《元史》

---

[175] 达仓宗巴·班觉桑布:《汉藏史集》(第一版),第358-359页。

作亦摄思连真）被委派到临洮去迎请八思巴回萨迦，[176] 大约即有向八思巴禀报萨迦派内部情况之意。因此八思巴从临洮动身时，即免去贡噶桑布的本钦职务，由八思巴荐举尚尊、秀波岗噶哇相继担任萨迦本钦。八思巴1276年底回到萨迦时，贡噶桑布早已退居甲若仓，但是他在萨迦派中的影响仍然不小。萨迦班智达弟子伍由巴·索南僧格（即西院弟子）的侄子们与贡噶桑布关系密切。贡噶桑布因自己尽力效劳却被免职而愤愤不平，可能在言语行动上有顶撞八思巴的现象，正如绛曲坚赞所说："从身语意各方面激怒上师（八思巴）。"更重要的是，贡噶桑布及萨迦派中追随他的人可能反对八思巴或忽必烈的某些重大安排。萨迦派的这种内部不和及冲突，被护送八思巴回萨迦的真金皇太子察觉，真金返回大都后，立即向忽必烈奏报，于是忽必烈派遣总制院使桑哥领兵前来查处。五世达赖喇嘛则说："当时，担任本钦的贡噶桑布，作了一些不合上师心意的事，近侍向薛禅皇帝挑拨，因此蒙古军攻打了甲若宗，杀死了本钦。"[177] 虽然有些细节还需要研究，但有一点是清楚的，因贡噶桑布和八思巴的分歧而引起萨迦派内部冲突，最终导致元朝中央政府派兵镇压贡噶桑布。

关于元朝中央政府镇压贡噶桑布的经过，在《汉藏史集》中有比较清楚的记载："当桑哥重新被委任为宣政院官员时，上师返回萨迦。由于本钦贡噶桑布作了背信弃义之事，有人将此情奏报朝廷。皇帝因为朝廷与萨迦派的关系特别，决定加以帮助，遂派大臣桑哥为首，领蒙古大军前往查究。桑哥奏道：'吐蕃乌思藏地方山谷险峻，难容大军。'皇帝说：'以蒙古军七万，再加朵甘思、朵思麻之军，总共十万，可否？'桑哥答道：'足可以使其驯服，请照此领诏。'皇帝遂依此下诏。讨伐之军起程，至伍由梅朵垅时，欲选择地势开阔处，取道拉襄进军。至恰米仲时，上师八思巴有名叫洛布洛追桑布的司茶侍从，是大臣桑哥的好友，前来军营中慰劳，赠送礼品。他提议大军绕道朗卓，故蒙古军改变进军方向，先攻下朗卓康玛土

---

[176] 达仓宗巴·班觉桑布：《汉藏史集》（第一版），第359-360页。

[177] 阿旺·洛桑嘉措（即五世达赖喇嘛）：《西藏王臣记》，第98页。

城，然后以炮火猛攻吉祥甲若仓之城，使贡噶桑布伏法，大军之任务完成。由于对上师和大小寺院的崇敬和信仰之力，桑哥到了萨迦，修建了东甲穷章唐，其门楼的样子采用汉地风格，并表示今后还要来拜望上师。然后，讨伐大军返回。"[178]

桑哥领兵入藏，不仅镇压了贡噶桑布，而且留下部分蒙古军在各地驻守。"在蚌波岗，以尼玛衮和达尔格为首，抽调精兵，留下一百六十名兵士，担任达玛巴拉大师的警卫队。又从七个蒙古千户的军队中，抽调七百人，担任警戒西路蒙古哨所的驻军。在南木官萨地方，留下以乌玛尔恰克为首的蒙古军四百。以多台为首的巴拉克的军队留驻塞日绒地方。卫普尔的军队，留驻甲孜、哲古、羊卓等地方，震慑冬仁部落。多尔班土绵的军队留驻当雄那玛尔、朗绒等藏北草地，以保障各个寺庙的安全，这也是桑哥的恩德。"从蒙古军给达玛巴拉担任警卫队来看，桑哥这次入藏确实与巩固达玛巴拉的地位有关。

此外，桑哥还改进了乌思藏地区的驿站管理和供应办法。"在此之前，在藏北的驿站，如索、夏克、孜巴、夏颇、贡、官萨、甲哇等大站，由吐蕃乌思藏地方各个千户的站户连续驻站支应，十分艰苦费力。乌思地方的人又不适应藏北的气候条件，故一再逃亡。驿站所在之地奇寒难忍，蒙藏来往使臣、商客，沿途得不到乌拉供应，需要自己照料。按照众人的请求，大臣桑哥命令卫普尔、巴拉克等军留驻藏北的部队，拨出一部分人负责驿站事务。并规定乌思地方各个千户，以达果为单位，将马匹、驮畜、乳畜、肉羊、供给驿站的青稞、褐布、帐篷、马鞍、坐垫、绳具、炉子、卧具、医药费用以及人员统统交给蒙古人。从此，乌思地方之人，不必在藏北驻站，而是每年派人把应付给驿站的物资运送到藏北交给蒙古军，驿站常有乌拉供应，对众人俱有利，这也是桑哥的恩德。"[179]

元朝这次用兵西藏，不见于《元史》。但是在元末明初人陶宗仪的《辍耕录》卷二十二"黄河源"条，却无意中提到桑哥领兵入

---

[178] 达仓宗巴·班觉桑布：《汉藏史集》（第一版），第290页。

[179] 同上书，第290-292页。

藏之事。该文记载，至元十七年（1280）忽必烈派都实探求黄河源，四月至河州，经四个月到河源，绘图后命都实之弟阔阔出回京复命，至冬天还京，忽必烈大喜，命都实为吐蕃等处都元帅，佩金虎符，准备在黄河源建城造船通航。命阔阔出传命，当阔阔出准备乘驿出京时，"适相哥征昆哥藏不回，力沮，遂止。翼岁，兄都实旋都"。这里的相哥即桑哥，昆哥藏不即本钦贡噶桑布。由此可见，桑哥领兵入藏当在1279年至1280年，镇压贡噶桑布后，于1280年冬天返抵大都。此时八思巴还在世，也与《汉藏史集》所载桑哥平定乱事后到萨迦寺建房并拜见八思巴的记述相符。

　　镇压贡噶桑布之乱后，萨迦西院弟子中的伍由巴大师的两个侄子喇嘛衮曼和贡噶则因为站在贡噶桑布一边，被忽必烈下令流放到江南，喇嘛衮曼死在流放地。萨迦派的权势确立后，上层集团的分裂也很快显现出来。

8　圆寂

　　1280 年，贡噶桑布之乱已被平定，八思巴在萨迦派内部以及整个藏族地区的领袖地位空前巩固，但他于当年十一月二十二日在萨迦南寺的拉康拉章盛年谢世，享年四十有六。

　　关于八思巴去世的情况，大多数史籍的记载都很简略，只有《萨迦世系史》的记述稍微详细一点，但多为宗教传说。据说八思巴年幼时，曾梦见自己手中拿着一根八十节的藤杖，到第四十六节处弯曲了。次日清晨向萨迦班智达说起此梦，萨迦班智达说："这节数象征你的寿数，第四十六节上弯曲预兆着你四十六岁时会有劫难。"萨迦寺所藏的八思巴生平唐卡中也画有此情节，这一说法大约在明代流行开来。

　　五世达赖喇嘛曾提及，有说法认为是八思巴的侍从挑拨八思巴与贡噶桑布的关系，并背着八思巴向忽必烈奏报，因而忽必烈派蒙古军入藏，杀了贡噶桑布。侍从怕自己的阴谋被八思巴察觉，因而将八思巴害死。这大约也是后人因八思巴寿数不长且刚好在贡噶桑布之乱平息后不久去世而作出的猜测，并未提出确切的证据。

　　另一种可能是八思巴因病去世。八思巴一生四处奔波，两次往返萨迦和汉地之间，差不多有一半时间是在旅途和他乡度过，加上他又参加了许多有重大历史意义的事件，过于操心费力。从南喀本的记述看，八思巴在旅途中睡眠很少，休息不够。多年的勤苦使他积劳成疾，盛年早逝。

　　八思巴去世后，由达玛巴拉主持，萨迦派为他举行了盛大的追荐法事。消息传到朝廷，忽必烈"不胜震悼，追怀旧德，建大窣堵

白居寺位于西藏日喀则江孜县，图为白居寺中的八思巴像。

波于京师，宝藏真身舍利，轮奂金碧无俦"。[180]《元史》也记载，至元十九年（1282）十二月，"造帝师八合思八舍利塔"。此与《萨迦世系史》所记载的相符：八思巴遗体在萨迦火化后，骨灰由其弟子扎巴俄色（后来曾任帝师）背负到朝廷献给忽必烈。达玛巴拉到朝廷任帝师后，在八思巴的舍利塔处建了一座大佛殿，以纪念八思巴。在萨迦寺也为八思巴修建了灵塔，当绛漾钦波仁钦坚赞任

---

[180] 王磐：《拔思发行状》，转引自萧蒂岩《元明汉族史家笔下的八思巴》，《西藏研究》1983年第1期。

萨迦寺住持时，为八思巴的灵塔祀殿建了金顶。到元仁宗延佑六年（1319），八思巴的弟子河西僧人沙罗巴建言，认为八思巴之功可比孔子，应建庙享祭，于是朝廷下诏令各郡建帝师八思巴殿，岁时致享，"其制视孔子有加"。

元末顺帝命僧人德辉编辑《敕修百丈清规》，记载了元代汉地佛教寺院在八思巴忌日祭奠他的情况。在八思巴忌日的前一天，就要"法座上敬安牌位，如法铺设，严备香、花、灯、烛、茶、果、珍馐供养"。忌日的当天，"鸣钟集众，向座雁立。候住持至，上汤上香，上食下飏"。"住持跪炉宣疏举咒，回向云：上来讽经功德，奉为皇天之下一人之上开教宣文辅治大圣至德普觉真智佑国如意大宝法王、西天佛子、大元帝师，上酬慈荫，十方三世，一切诸佛云云。""疏语：天启有元，笃生辅治之大圣，道尊无上，实为宣文之法王。密赞化基，阴翊王度。吐辞为经，举足为法，位居千佛之中，博厚配地，高明配天，尊极一人之上。维兹圣忌，益仰恩光。伏愿重驾愿轮，赞四海同文之治化，眷言像季，振千古正法之宗纲……"

可见在元代，汉地佛教界对八思巴就像对佛陀释迦牟尼一样尊崇。

八思巴作为藏传佛教塑像或绘画对象的形式留在僧俗信众的心目中。史籍记载，在元代中后期已经有了八思巴的塑像和画像。按照各地孔庙塑有孔子像的例规看，"其制视孔子有加"的帝师殿，应该有八思巴的塑像。《元史》还记载，泰定帝泰定元年（1324）八月，"绘帝师八思巴像十一，颁各行省"，让各地塑像祭祀，因此可以肯定当时在各地有一批八思巴的塑像和画像存在。十分可惜的是，在元末的战乱中这些塑像和画像大多损毁不存。

在内蒙古鄂托克旗境内的阿尔寨石窟是近年研究艺术史的专家们十分关注的一个古代文化遗址。阿尔寨石窟的开凿和壁画绘制年代及其沿革，初步可以分为北魏时期、西夏时期、蒙元时期、明朝时期四个阶段。研究者认为，阿尔寨石窟中的几幅壁画最引人入胜，它们形象地记录了八思巴在帝王忽必烈身边时发生的几件重大

八思巴生平唐卡展现了元代帝师八思巴的生平事迹和他对藏传佛教所作的贡献。

历史事件:一是"八思巴为忽必烈灌顶授戒图";二是表现帝王忽必烈亲自主持佛教和中原道教辩论的"八思巴与道教辩论图";三是"八思巴宣讲佛法图";四是"各民族僧俗人等礼佛图"。这几段壁画生动地再现了当时的历史情景,具有重要的历史意义和文化价值。[181]

而在西藏的藏传佛教寺院中,还保存有多处八思巴的造像。始建于1418年的江孜白居寺,是江孜法王贡桑热丹帕出资兴建的,因为江孜法王的家族在元代是萨迦派的官员,江孜寺从建寺起即为包含格鲁、萨迦、布顿三派的寺院。江孜寺大经堂的二层右佛堂叫作道果殿,有精美的八思巴塑像,其南壁绘有忽必烈会见八思巴的壁

---

[181] 格桑益西:《内蒙古阿尔寨石窟八思巴壁画探秘》,《西藏研究》2005年第2期。

画。[182]比白居寺建寺稍晚，位于山南贡嘎县的曲德寺也有八思巴的壁画和塑像。在拉萨布达拉宫还存有一尊精美的八思巴玉雕像，建造年代不详，估计也是元末明初时建造的。在萨迦寺，除了壁画和雕塑中的八思巴形象外，最为珍贵的是保存有一套反映八思巴生平事迹的大型唐卡，学界称为《八思巴画传》。这套唐卡原有三十轴，遗失五轴，现存二十五轴，表现八思巴从出生到圆寂的主要事迹。这套唐卡在构图上，中心位置仍绘佛、菩萨或祖师，四周如同连环画一样，按时间先后展现八思巴参与的活动情节，并有简要的藏文题记，还穿插山石祥云、亭台楼阁等自然景物，画面丰满。如八思巴

白居寺道果殿的壁画人物丰富多彩，刻画细致，图中展示的是八思巴与忽必烈的会见情景。

---

[182] 宿白：《藏传佛教寺院考古》，文物出版社，1996，第138页。

返回萨迦的一轴，画心绘萨迦班智达说法图，周围绘有八思巴在返回萨迦途中的活动。又如八思巴组织抄写佛经的场面，虽然只是兴建萨迦南寺一轴的局部，但是画面人物众多，刻画细致，展开来与一幅单独的唐卡无异。经学者初步考证，这套唐卡的绝大部分绘制于明朝成化年间，因为画面上有"大明成化十四年十月十五日帝辰"的字样，只有前四轴可能是后人增添的。[183] 在这些八思巴塑像和画像中，八思巴是年轻的英姿勃发的宗教领袖形象，而不是端坐在莲座上神情庄重的大师形象。和一般的祖师像相比，八思巴的形象更有活力和青春气息，这是八思巴留在人们心中的深刻印象。

---

[183]　杨树文等编著《八思巴画传》，1987，第36-37页。

结 语

从八思巴一生的经历和活动看,八思巴对藏族历史的发展作出了多方面的有深远影响的贡献。

在宗教方面,八思巴是藏传佛教的一派教主,又是受到皇室尊崇的全国佛教僧人的总领袖。与其他教派的领袖相比,八思巴是一位杰出的宗教活动家。他以渊博的佛学知识、谦虚诚朴的品德、随机教化的灵活,赢得了以忽必烈为首的元朝皇室的信赖和崇敬,成功地使蒙古皇室接受了藏传佛教,同时促使皇室对各种宗教思想持宽容的态度,这对中国历史上长期存在的释道儒三家共同发展的思想文化格局的巩固和发展起到了积极的作用。

在政治方面,八思巴是一位杰出的社会活动家。他顺应历史发展的潮流,用毕生的精力促使西藏地方和广大藏族地区归附元朝中央,为加强西藏地方与内地的联系而不懈努力。他支持元朝统一中国,反对分裂,把自己教派、家族的命运与元朝的命运紧密联系在一起,这对于掌握一方政教权力的地方势力首领来说,是十分难能可贵的。他主持或参与元朝在藏族地区建立军政机构、建立西藏地方的行政体制、建立驿站、清查户籍、推行法律等工作,都极大地推进了西藏地方与祖国内地的政治、经济、文化联系,对于汉藏、藏蒙民族关系的发展作出了重要贡献。从藏族的历史发展来说,他对打破吐蕃王朝崩溃以来数百年分裂割据局面,冲破地区间的隔阂,统一行政制度,形成和巩固共同的文化心理都起到重要的推动作用。他是第一个多次到藏族各地活动,与各地僧俗首领建立密切联系,门徒弟子遍布各地的藏族领袖,他身体力行并举荐大批亲友弟子到朝廷任职,因此成为元代藏族公认的领袖人物,这在吐蕃王朝崩溃后的藏族历史上从未有过，对藏族的历史发展也起了重要的促进作用。

在文化方面，八思巴也有许多重要的贡献，他创制蒙古新字，把西藏的宗教、医学、艺术介绍到蒙古皇室和汉地，又把中原的文化介绍到西藏，使汉蒙藏各民族的文化交流进入一个新的时期。在祖国统一的前提下，他的努力又使藏族文化达到新的繁荣。在元代，藏族的文学、史学、天文历算、建筑艺术等都有了长足的进步，这与八思巴有密切的关系。

总之，八思巴不仅是藏传佛教发展史上的一代宗师，而且是继松赞干布之后藏族历史上出现的又一位伟大的政治家，是中华民族杰出的历史人物之一。因此，他一直受到藏族人民和蒙汉各族人民的崇敬和怀念。